세대공감 돌직구 유머

중요한 일일수록 유머 감각을 잃어버려서는 안 된다.
Being able to laugh together means being able to work together.

세대공감 돌직구 유머

Fun 유머연구회 엮음

| 들어가는 말 |

'침묵은 금이다.'라는 말이 있는데, 과연 그럴까?

이 말은 무조건 말을 하지 않는 것이 좋다는 뜻이 아니라, 말을 해야 할 때와 입을 다물고 있을 때를 구별할 줄 알아야 한다는 뜻이 아닐까 싶다.

우리는 사람들 속에서 부대끼며 살고 있고, 그 사람들과는 대부분 말로써 의사소통을 한다. 그런데 이 의사소통이 원활하게 되지 않으면 많은 문제가 발생한다.

듣기 좋은 말 한마디에 기분 좋아하기도 하지만, 짜증 섞인 말 한마디에 불쾌감에 휩싸이기도 한다. 심지어는 말 한마디로 천 냥 빚을 갚는 사람도 있지만, 말 한마디 때문에 수십 년 쌓아온 우정이 깨지거나 원수가 되는 사람들도 있다.

그런데 가만 보면 말하는 방법이 서툴거나 어눌해서 문제가 생기는 것이 아니라, 그 말의 이면에 숨어 있는 감정이

나 마음이 상대방을 미묘하게 자극하는 경우에 분란이 일어난다. '말'이라는 그릇에 무엇을 담느냐가 그만큼 중요하다는 얘기일 것이다.

그렇다면 '말'이라는 그릇에 무엇을 담아야 할까?

사랑과 믿음, 배려와 인정은 기본이다. 그 기본에다 '웃음'이라는 양념을 섞으면 많은 문제가 희석된다. 웃음은 모든 상황에서 긍정적이고 낙천적으로 생각하게 해주는 힘을 줄 뿐만 아니라, 여유 있게 살아가는 길을 열어 주기 때문이다.

유머나 웃음에 대한 글을 읽거나 들으면, 그것을 기억해 뒀다가 적당한 때 써먹고 싶은 마음이 들기 마련이다. 하지만 막상 그것을 써먹으려고 하면 도통 생각이 나지 않는다.

혹은 내용이 떠올랐다 하더라도 전달 방법이 어색하거나 상황에 맞지 않아 오히려 분위기를 썰렁하게 만드는 경우도 적지 않다. 그것은 아무리 재미있는 이야기라고 해도 그것을 듣는 사람들이 공감하지 못한다면 '웃음' 바이러스가 전달되지 않기 때문이다.

특정한 집단이나 특정한 곳에서만 통하는 유머를 전혀

이질적인 요소를 가진 사람들에게 한다면 아무도 웃지 않는 것은 당연하다. 그 숨은 뜻을 알아듣지 못하는데, 무엇 때문에 웃겠는가. 또한 이해하지 못하는 그 유머가 다른 장소에서 떠오를 리도 만무하다.

이 책에서는 어느 곳에서나 부담 없이 나눌 수 있고, 누구를 만나도 편하게 얘기할 수 있는 ― 언제 어디서나 공감대를 형성할 수 있는 글과 사진들을 모아 보았다.

손녀가 할머니에게 얘기해 주면 옆에 계신 할아버지가 웃으시고, 할머니가 손녀에게 옛날이야기처럼 들려주면 유치원에 가서 자랑하듯 발표하는 유머들……. 이를테면 세대를 아우르는 유머집이라고나 할까.

직장 동료나 학교 친구들과 주고받으면 절로 웃음이 나오는 유쾌한 유머들을 통해, 잠깐이라도 스트레스를 날려 보냈으면 하는 바람이다.

"오늘 가장 유쾌하게 웃는 자가 최후에도 웃을 것이다."

니체가 한 이 말을 음미하면서, 세상살이가 아무리 힘들더라도 크게 웃어 보자.

차 례

들어가는 말 · 5
웃음과 유머에 관한 명언 · 13

유머 사진 퍼레이드
① 현수막, 게시문 · 20
② 엽기 슬리퍼 · 38
③ 1초 후가 궁금한 장면들 · 52
④ 지하철 요지경 · 65
⑤ 엽기 모음 · 78
⑥ 음식물로 만든 작품 · 91
⑦ 재미있는 간판 이름 · 106
⑧ 짓궂은 화장실 · 122
⑨ 눈사람도 개성시대 · 136
⑩ 웃긴 개와 고양이 · 148
⑪ 초등학생들의 엽기 답안지 · 161
⑫ 기발한 노리개젖꼭지 · 175
⑬ 재치만점 조각상들 · 190
⑭ 절묘한 사진들 · 203
⑮ 함께 웃는 사진 · 212
⑯ 이런 침대 보셨나요? · 228
⑰ 새들의 도발 · 238
⑱ 엽기 브래지어 · 262
⑲ 이색적인 분수들 · 271
⑳ 다양한 무늬의 텐트 · 288

외국인과의 대화 · 26
유식한 할아버지 · 27
할머니의 반짝이는 재치 · 28
막무가내 할머니 · 29
왜 그렇게 묻는 걸까? · 30
어떤 것이 맞는 걸까? · 30
원상 복구 · 31
눈 화장과 선글라스 · 31
누가 더 나쁠까? · 31
왜 못하는 걸까? · 32
아이큐 · 32
먼저 돈부터… · 32
무엇으로 긁어야 하는 거지? · 33
호 칭 · 33
신사용과 숙녀용 · 34
건망증 · 34
접니다! · 35
얼마인지 알아야… · 35
친구 이름 · 36
손님과 주님 · 36
아카시아 꽃과 아프리카 꽃 · 36
커피를 타다가… · 37
가벼움과 가려움 · 37
지금 어디야? · 37
도넛과 돈가스 · 40
노부부 · 40
굶어 죽을까 봐… · 41
좋아하는 음식 · 41
보신탕집에서… · 42
뛰는 놈 위에 나는 놈 있다 · 43
고걸 모르고서… · 44
아빠 이름 · 45
웃고 있는 시체 · 46
나 점 뺐어! · 47
미남과 추남의 차이점 · 47
100일 · 48

차 례

남편의 마음 · 49
논 쟁 · 49
어디에 떨어뜨렸을까…? · 50
자 식 · 50
오직 제 기도만… · 51
경쟁에서 살아남으려면… · 54
세대 차이 · 55
무정한 아내 · 56
정치가의 자질 · 56
멸치 부부 · 57
헤어질 수 없는 부부 · 57
이 유 · 58
그건 당신 몫 · 58
착 각 · 59
실연 후유증 · 59
피장파장 · 60
경찰의 변명 · 60
상대성 원리 · 61
가장 아픈 순간 · 61
담배가 이로운 것이라면… · 62
당신이 받아! · 64
유 언 · 66
그런데 왜? · 66
질투심 유발 · 67
충 고 · 68
이유가 있었다 · 68
색 맹 · 69
지들 꿈에선… · 70
반 응 · 70

화장실 사용료 · 71
거 울 · 71
착용의 자유 · 72
멋진 펀치 · 73
내가 관계자 · 73
이것도 여성용 · 74
도둑의 유언 · 74
국민을 위하여 · 75
시 합 · 76
축복받은 할아버지 · 76
도대체 어디로 갔지? · 77
좋은 말이지만, 해서는 안 되는 말들 · 80
계급 차이 · 80
특 기 · 81
어떤 면접 · 81
맹구의 면접 · 83
무슨 죄를 지었기에… · 83
용서를 받으려면… · 84
역주행 · 84
나라는 살아난다! · 85
용기를 주는 선생님 · 85
월급의 용도 · 86
유능한 의사 · 87
병 명 · 87
많이 부어서… · 88
수술하기 쉬운 환자 · 88
무슨 암인가요? · 89
자유경쟁사회의 모순 · 90
소원대로 · 94

차 례

그럼 안심이네… · 94
괜한 걱정 · 95
전 공 · 95
물건 고르는 솜씨 · 96
실험의 결과 · 96
개밥까지… · 97
사오정의 정답 · 98
당연한 결과 · 98
맹구와 짱구의 구구단 대결 · 99
밥통 두 개 · 99
그것도 모르냐? · 100
눈에는 눈, 이에는 이 · 101
무서운 협박 · 101
지명 수배 · 102
운명 교향곡 · 102
잘못 걸려온 전화 · 103
안전 운전자 · 103
포크와 베이컨 · 104
등기 우편 · 105
어라? 밑도 빠졌네! · 105
메 뉴 · 111
누구의 엄마? · 111
최신 수입 고기 · 112
처녀 마누라 · 112
누룽지뿐 · 113
아전인수 · 113
재 치 · 114
정신병자 · 114
너무 비싸! · 115

침대와 환자 · 116
다이어트 · 116
난 봤다! · 117
기대와 실제의 차이 · 118
우리 동네 절에 붙어 있는 안내문 · 118
엄청난 추리 · 118
빌게이츠 이야기 · 1 · 119
빌게이츠 이야기 · 2 · 120
유전과 환경 · 124
20년 후 · 124
버스 안에서… · 125
초딩들 시험 답안지 · 126
재발견한 마누라 · 126
드림론 패스 광고 패러디 · 127
3-3-7 박수는 나처럼… · 128
황금만능주의 · 129
딸아이와 MT · 130
저 축 · 130
부전자전 · 131
맞아도 싸다 · 132
개와 닭 · 133
배째실라고그려 · 133
한자 실력 · 134
상식 밖의 상식 · 135
황당한 소설 제목 · 138
고해성사 · 139
자랑하고 싶어서… · 140
의심쩍은 선심 · 141
연설 준비 · 142

차 례

유 언 · 142
바람난 아내 · 143
쇼 핑 · 144
40대 주부 · 145
부부 말(馬) · 145
생각대로, 느낀 대로 · 146
천생연분 · 146
변기통과 낚시터 · 147
체인점 · 150
재치 있는 복수 · 150
화장실의 비밀 · 151
과학적인 발견 · 152
법정에서 · 153
주정꾼과 과객 · 153
갱상도 할매 · 154
걸린 사람만 억울해 · 155
남편이 불쌍할 때 · 155
모범수의 소원 · 156
장인과 예비 사위 · 157
안개 낀 날의 항해 일지 · 158
버스 탄 최불암 · 159
친절한 정치인 · 160
예리한 관찰력 · 164
오래 살고 싶은 이유가 뭐죠? · 165
모범 남성 · 166
훌륭한 남편 · 167
처방전 · 168
엽기 약사 · 168
집안 망신 · 169

엽기 아이 · 170
구두쇠 가족 · 170
잘해도 손해 · 171
도대체 이런 일이 왜 일어났을까? · 171
양치기 소년의 비애 · 173
같이 가, 처녀 · 174
할머니의 삼행시 · 176
호기심 · 177
마음은 급한데… · 178
인심 좋은 아빠 · 179
택시 요금 · 180
아빠와 아들 · 180
낙하산과 배낭 · 181
남편을 기절시킨 이야기 · 182
교육의 효과 · 183
받아쓰기 · 185
기발한 아이디어 · 187
고딩의 고민 · 188
질 문 · 188
개와 소 이야기 · 189
된장 청년과 고추장 아가씨 · 192
할머니의 지혜 · 193
악 몽 · 194
국민성 · 195
국적별 비상 대처법 · 195
못 당한다 · 197
컴퓨터 속담 · 197
비아그라 · 198
담배로 느끼는 감정 · 199

차 례

위인들의 대학 졸업 논문 제목 · 200
백수의 등급 · 200
특별한 주소들 · 202
정치가가 가져야 할 5감 · 202
가나다라 인생 법칙 · 204
쌀밥의 위험 보고서 · 205
늙은이의 후회 · 206
생활 속의 알파벳 · 207
영화 속 숨은 법칙 찾기 · 207
세태 따라 변한다… · 208
학과별 파리 죽이는 방법 · 209
세태를 반영하는 속담 · 210
세태가 투영된 사자성어 · 214
화장실에서의 사자성어 · 215
순 우리말 실력은? · 216
세태가 투영된 신조어 · 218
답이 없는 대화 · 220
관점에 따라 다른 '나'와 '너' · 221
거짓말 모음 · 223
엽기 Q & A · 224
사오정의 이력서 · 227
친구 '바보 만들기' · 230
사랑과 진실 · 236

가위바위보 처녀 식별법 · 237
부부는 일심동체 · 240
남녀 칠세 부동석 · 241
신혼부부의 첫날밤 · 242
사투리 시리즈 · 244
논산훈련소에서 각 도 조교의 구령 · 247
말 줄이기 · 247
이런 사람 어떻게 해야 하나요? · 249
난센스 퀴즈 · 251
재치 퀴즈 · 256
시대를 대변하는 은어들 · 264
나라별로 넥타이 고를 때 하는 말 · 268
유언 시리즈 · 269
영어로 번역하면? · 269
기차의 사계절 · 270
나이가 들면서 같아지는 것 · 270
세대별로 이렇게 다르다 · 272
나이별로 본 대단한 기록들 · 278
산신령과 선녀 · 286
이게 무엇일까? · 287
난센스 띄어쓰기 · 289
거꾸로 읽으면 웃긴 이야기 · 291

"그대가 웃으면 세상 사람들이 그대와 함께 웃는다."
_엘라 휠러 윌콕스

"웃음은 만국 공통의 언어이다."
_조엘 굿맨

" 행복하기 때문에 웃는 것이 아니라 웃기 때문에 행복한 것이다."
_윌리엄 제임스

"무조건 웃어라. 웃음은 모든 것을 긍정적으로 바꾸어 놓는다."
_틱 낫한

"웃음은 내 안의 잠든 에너지를 살려내고 주변을 조화롭게 변화시킨다."
_노사카 레이코

"성공은 늘 긍정적으로 생각하는 사람들의 몫이며, 그것을 지켜내는 것 또한 긍정적인 사람들의 차지다."
_나폴레온 힐

"유머란 오직 인간만이 가질 수 있는 신성한 능력이다."
_구스타프 칼 융

"유머 감각이 없는 사람은 미소 짓는 법이 없다.
유머 감각이 없는 사람은 농담에도 대꾸하지 않는다.
유머 감각이 없는 사람은 먼저 말을 걸지도 않는다.
유머 감각이 없는 사람은 언제나 진지한 표정이다.
유머 감각이 없는 사람은 누구라도 가급적 접촉을 피하고 싶은 사람이다."
_말콤 쿠슈너

"웃음은 그것이 무엇을 담고 있든 전염되고 감염된다. 또한 웃음은 잠재의식을 일깨우는 가장 고상한 길이다."
_윌리엄 프라이

"웃음은 울음보다 더 멀리 들린다."
_독일 속담

"웃는 얼굴은 상대의 마음을 열게 하고, 굳은 얼굴은 상대의 마음을 닫게 한다."
_다니엘 맥닐

"웃음은 두 사람 사이의 가장 가까운 거리다."
_빅터 보르게

"사람은 함께 웃을 때 서로 가까워지는 것을 느낀다."
_레오 버스카글리아

"웃음은 최고의 결말을 보장한다."
_오스카 와일드

"나에게 유머를 즐길 수 있는 센스가 없었다면 자살하고 말았을 것이다."
_간디

"세상에서 가장 재미있는 일들을 이해하지 못한다면 가장 심각한 일들을 상대할 수 없을 것이다."
_윈스턴 처칠

"진지한 협상일수록 유머 감각을 잃어버려서는 안 된다."
_나이토 요시히토

"웃음이 없는 사람은 가게 문을 열지 마라."
_중국 속담

"재미없는 상품은 팔리지 않는다. 재미없는 인간은 더욱 팔리지 않는다."
_타니구치 마사카즈

"유머 감각을 갖는 데는 돈이 들지 않지만, 유머 감각을 갖지 못하면 많은 비용을 초래할 수 있다."
_밥 로스

"웃음은 살 수도 없고 빌릴 수도 없고 도둑질할 수도 없는 것이다."
_데일 카네기

"유머는 창의력을 불러일으키고, 일상적인 사업에서 발생하는 스트레스를 감소시키며, 심리적인 저항력을 향상시킨다."
_폴 맥기

"나 하나가 웃음거리가 되어 국민들이 즐거울 수 있다면 얼마든지 바보가 되겠다."
_헬무트 콜(독일 수상)

"유머 감각은 지도자의 필수 조건이다."
_하드리 도노번

"유머 감각이 없는 사람은 스프링이 없는 마차와 같아, 길 위의 모든 조약돌마다 삐걱거린다."
_헨리 와드 비처

"일은 즐거워야 한다. 유머는 조직의 화합을 위한 촉매제다."
_허브 켈러허

"함께 웃을 수 있다는 것은 함께 일할 수 있다는 것을 의미한다."
_로버트 오벤

"노인들의 벙그레한 웃음이야말로 최고의 웃음이다."
_도산 안창호

"그대의 마음을 웃음과 기쁨으로 감싸라. 그러면 인체에 해로움을 막아주고 생명을 연장시켜 줄 것이다."
_셰익스피어

"웃음은 마음의 치료제일 뿐만 아니라 몸의 미용제이다. 당신은 웃을 때 가장 아름답다."
_칼 조세프 쿠 쉘

"웃음은 가장 값싸고 가장 효과 있는 만병통치약이다."
_러셀

"웃음은 의사들에게 지불해야 할 돈을 줄이는 것이기 때문에 우리의 호주머니에 있는 돈과 같다."
_마크 트웨인

"성인이 하루 15번만 웃고 살면 병원의 수많은 환자들이 반으로 줄어들 것이다."
_조엘 굿맨

"웃음은 공포와 염려를 막아주고 몸의 치유 능력을 활성화시키는 힘이 있다."
_윌리엄 프라이

"웃는 사람은 실제적으로 웃지 않는 사람보다 더 오래 산다. 건강이 실제로 웃음의 양에 달렸다는 것을 아는 사람은 거의 없다."
_제임스 월쉬

" 왜 웃지 않는가? 나는 밤낮으로 무거운 긴장감에 시달려야 했다. 만일 내가 웃지 않았다면, 나는 이미 죽었을 것이다."

_아브라함 링컨

" 소문만복래(笑門萬福來) — 웃는 사람에게는 많은 복이 온다."

"일소일소일노일노(一笑一少一怒一老) — 한 번 웃으면 한 번 젊어지고, 한 번 노하면 한 번 늙는다."

제 마누라 보신 분!

오래오래 사세요

지문 여기저기 남겼더구나!

착한 며느리가 될게요……

싸가지 없는 놈
목격하신 분!

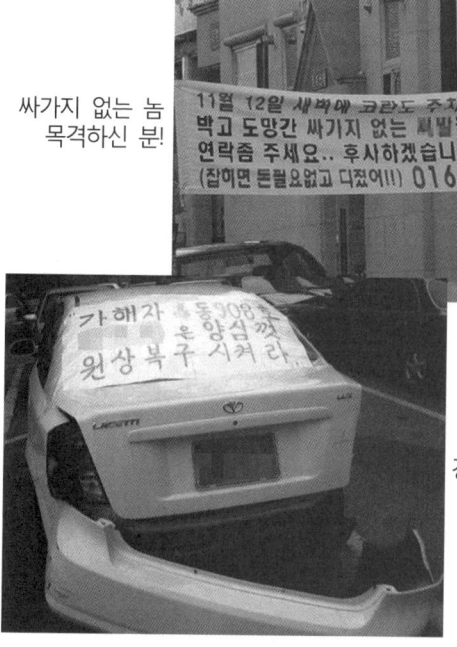

경고한다.

너는 평생 개××다.

걸리면 죽는다…….

딱 두 칸만 써라!

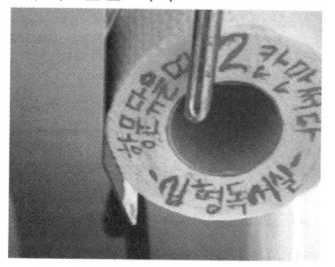

내 주먹을 믿습니다.

도둑님아, 참된 인간이 되길 빈다.

밤길 조심해라…….

주의하라, 꼭 시행한다.

불참자 중에서 선출합니다.

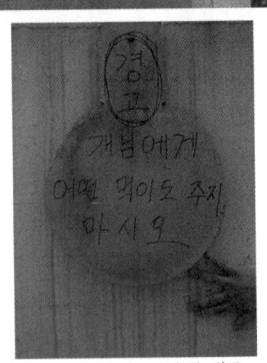

우리 집 '개님'은 소중하다고…….

곧 방영될
예정입니다.

열심히 살겠습니다.

미국 애들과
무슨 일이 있었남?

드라이기를 어디에
사용했을까?
(남자 목욕탕 안)

소변기에 똥누는 놈에게

사람이 사람답기 위해서는 격(格)
예절이 필요하다. 똥의 굵기로
보아 니가 어린아이가 아니
라고 생각한다. 물론 급한 사정을
나라고 경험하지 못한것은 아니지
만, 오늘로 세번째 임이야 내
도저히 안되겠다 싶어 훈계한다.
내가 옆 대변기를 잠근 이유는,
대변기에서 20여개의 주사기가
나왔기 때문이다. 그마저도
너의 소행으로 몰면 너무 억울하겠
지만, 그렇지 않다는 증거도
없기에 나는 니가 약에 취해
그 지랄을 한다고 생각한다.

이제 너는 소명할 기회조차
잃어버릴 것이다. 좁은 공간
자세도 나오지 않는데서 큰일을 치르
는 네가 불쌍하다는 생각도
들지만 세번이나 그렇게 한다는
너의 뚝심에, 아니 너의 영혼이
괄약근에 잠겨 건강을 바란다.
목욕가서 엉덩이 박박 닦거라
너 인마, 분명 소변이 많이 튀는
소변기 밑 튀어나온 부분에 닿지
않을수 없었을 것, 그 엉덩이로
추석에 차례는 지낼수 없을거다.
다시 한번 너의 격(格)이, 좀
올라가기를 기원한다.
- 화장실 관리인 -

너의 격(格)이 올라가길 기원한다.

알려 드립니다
본 화장실 변기는 변이 되거나 뚜는
굵게 나올때에는 반드시 막혀서 고생을
하게 되오니 변이 되거나 굵게 되었을
때에는 옆에있는 우산대를 이용하여
변을 잘게 부신후 물을 내려주십시오
꼭 협조하여 주시기 바랍니다
감사 합니다

변이 되거나
굵을 경우에는……

대변 보시면 밖에서
문 잠그고 경찰에
신고함
단 설사는 가능

대변보면 신고함.
(단 설사는 가능)

아르바이트 초단급구
시간? : 왜 설마 잠 안재울까봐?
식대? : 왜 설마 밥 굶길까봐?
시급? : 왜 때돈 벌게?
잔말 말고 일단 올라와 봐!
× 노래방

따지지 말고
일단 올라와 봐!

끓여 먹는 약수

이놈들아~,
어버이날이다~.

룰은 지켜야지!

낮에는 해도 되나?

계란이 타고 있어요!

외국인과의 대화

한 외국인이 충청도 지방을 여행하다 이발소에 들렀다.

영어 한마디 못하는 이발사는 외국인이 들어오자 안절부절못했다.

어떻게 인사할까 망설이며 식은땀을 흘리던 이발사는 그냥 우리말로 인사하기로 마음먹고 용기를 냈다.

"왔슈?"

이에 외국인은 이발사가 서투른 영어로 '뭘 보느냐(What see you)?'고 묻는 줄 알고 앞의 거울을 가리키며 말했다.

"미러(Mirror)."

그러자 이발사는 알았다는 듯 고개를 끄덕였고, 외국인은 머리를 깎는 동안 눈을 감고 있었다.

한참 후 눈을 뜬 외국인은 소스라치게 놀랐다.

"으악! 왓? 왓?"

그 이발사는 외국인이 머리를 밀라는 줄 알고 몽땅 밀어 버렸던 것이다.

유식한 할아버지

시골 한적한 길을 지나던 한 등산객이 길옆에 있는 쪽문에 한자로 '多不有時(다불유시)'라고 적혀 있는 것을 보고 혼잣말로 중얼거렸다.

"많고, 아니고, 있고, 시간……? 시간은 있지만 많지 않다는 뜻인가? 누가 이렇게 심오한 뜻을 문에 적어 놨을까? 분명 학식이 풍부하고 인격이 고매하신 분일 거야. 도사 같은 그분을 한번 만나 봐야지!"

그리고는 문 앞에서 문을 두드려 보았으나 안에서는 아무 기척도 들리지 않았다.

한참을 기다리니 옆집에서 러닝셔츠 차림의 할아버지가 나와서 말했다.

"어이~! 거기서 뭐 하는 거야?"

"아, 네. 여기 사시는 분을 좀 만나 뵈려구요."

"엥? 거긴 아무도 안 살아."

"네……. 이 한자성어를 적으신 분을 뵙고 싶었는데……."

"그거? 그건 내가 적은 거야."

"그러세요? 뵙게 되어 반갑습니다, 할아버님. 그런데 이것이 대체 무슨 문입니까?"

"이거? 별거 아니야. 화장실이야."

"네? 화장실이요? 여기가 화장실이라구요? 그렇다면 이(多不有時) 글의 뜻은 뭡니까?"

"아, 이거……. 다불유시(W. C)야! 변소라고. 그런데 젊은이가 다불유시도 모르나?"

"아, 네……. 에이, 참……."

할머니의 반짝이는 재치

고속버스에 올라탄 한 젊은이가 옆에 앉은 할머니에게 말을 걸었다.

"할머니, 올해 연세가 어떻게 되세요?"

"응?"

"할머니, 올해 몇 살이시냐고요?"

"응, 주름살~."

"할머니, 농담도 잘하시네요. 주민등록증은 있으세

요?"

"주민등록증은 없고 대신 골다공증은 있어. 호호호."

"그럼 건강은 어떠세요?"

"응, 유통기한이 벌써 지났어."

막무가내 할머니

서울 아들집에 왔던 한 할머니가 난생 처음 비행기를 타고 부산 집으로 내려가게 되었다.

처음 타 보는 비행기가 신기하여 여기저기 둘러보는데 마침 비즈니스석이 텅 비어 있었다.

그 순간 할머니는 비좁게 앉아 있던 좌석에서 일어나 얼른 비즈니스석으로 가서 앉았다.

이를 본 승무원이 다가와 제자리에 앉으라고 말했지만 먼저 앉는 사람이 임자라며 막무가내였다.

승무원과 할머니가 큰 소리로 실랑이하자, 옆자리에 앉아 책을 읽던 한 신사가 할머니에게 한마디 했다.

"할머니, 그 자리는 부산 가는 자리가 아니라 제주도

가는 자리예요."

그러자 깜짝 놀란 할머니는 얼른 제자리로 뛰어갔다.

왜 그렇게 묻는 걸까?

친구들과 술 마시고 밤늦게 집에 들어와 이불 속에 들어갔다.

그런데 마누라가 이렇게 물었다.

"당신이에요?"

몰라서 묻는 걸까, 아님 딴 놈이 있는 걸까?

어떤 것이 맞는 걸까?

'나 원 참!'이 맞는 걸까, '원 참 나!'가 맞는 걸까?

어휴! 대학까지 다녀 놓고 이런 것도 제대로 모르고 있으니……

"참 나 원!"

원상 복구

이제 곧 이사를 해야 한다.
집주인이 와서, 3년 전에 이사 오던 때와 같이 원상 복구시켜 놓고 가라고 한다.
그런데 그 많은 바퀴벌레들을 도대체 어디 가서 구하지……?

눈 화장과 선글라스

우리 마누라가 온갖 정성을 들여 눈 화장을 한다.
그런데 갑자기 선글라스를 쓰는 이유는 무엇일까?

누가 더 나쁠까?

짐승만도 못한 놈과 짐승보다 더한 놈!
도대체 어느 놈이 더 나쁠까?

왜 못하는 걸까?

어떤 씨름 선수는 힘이 세어지라고 쇠고기만 먹는다고 한다.

그런데 나는 그렇게 물고기를 많이 먹었는데 왜 수영을 못하는 걸까?

아이큐

물고기의 아이큐는 0.7이라고 한다.

그렇다면 그런 물고기를 놓치는 낚시꾼들의 아이큐는 얼마인 걸까?

먼저 돈부터…

환자 : 저는 건망증이 너무 심해서 왔습니다.

의사 : 먼저 돈부터 내시죠.

무엇으로 긁어야 하는 거지?

오랜만에 레스토랑에 가서 돈가스를 먹다가 콧잔등이 가려워서 스푼으로 긁었다.

그랬더니 마누라가 그게 무슨 짓이냐며 나무랐다.

그럼 포크나 나이프로 긁으라는 걸까?

호칭

오랜만에 친구들이 모여 저녁 식사를 하게 되었다.

그런데 유독 한 녀석이 자기 아내를 부를 때 '달링, 하니, 자기, 슈가' 등 듣기에 매우 오글거리는 호칭을 사용하는 것이었다.

한 친구가 더 이상 참지 못하고 그 녀석에게 따져 물었다.

"도대체 왜 유별나게 그러는 거야? 짜증나게……."

그러자 그 녀석이 한숨을 쉬며 말했다.

"쉿~! 사실은 3년 전부터 아내 이름이 기억 안 나."

신사용과 숙녀용

공중화장실은 온통 신사용과 숙녀용으로만 구분되어 있다.

도대체 나 같은 건달이나 아이들은 어디에서 일을 봐야 하는 걸까?

건망증

★ 갑자기 '회갑 잔치'란 말이 생각나지 않아서 하는 말.
☞ "육갑 잔치 잘 치르셨어요?"
★ '산달'이란 말이 생각나지 않아서 하는 말.
☞ "만기일이 언제예요?"
★ '속도위반'이란 말이 생각나지 않아서 하는 말.
☞ "야, 너 신호 위반했구나……."
★ '식물인간'이란 말이 생각나지 않아서 하는 말.
☞ "야채인간이 되었다니, 얼마나 힘드시겠어요……."

★ '히터'라는 단어가 생각나지 않아서 하는 말.
☞ "기사님, 보일러 좀 틀어 주세요."
★ '소보로'라는 말이 생각나지 않아서 하는 말.
☞ "아저씨, 곰보빵 주세요."

접니다!

치킨을 주문해 놓고 기다리고 있었다.
띵똥~. 초인종 소리가 났다.
"누구세요~?"
잠깐 침묵이 흐른 뒤, 치킨 집 아저씨가 대답했다.
"접니다!"

얼마인지 알아야…

집에 돌아오는 길에 떡볶이 파는 가게에 갔다.
"아줌마, 오뎅 천 원어치 얼마예요?"

친구 이름

친구 집에 전화를 했다.
친구 어머님이 전화를 받으셨다.
순간 친구 이름이 생각나지 않았다.
"아들 있어요?"

손님과 주님

패스트푸드 점원이 아침에 교회에서 열심히 기도한 다음 가게에 나갔다.
　손님한테 하는 말 : 주님, 무엇을 도와드릴까요?

아카시아 꽃과 아프리카 꽃

초등학교오락시간에 애들 앞에서 노래를 불렀다.
　"동구~밭~ 과수원 길 아프리카 꽃이 활짝 폈네~."

커피를 타다가…

여직원이 커피를 타다가 전화를 받았다.
"네, 설탕입니다."

가벼움과 가려움

아는 오빠랑 <연애, 그 참을 수 없는 가벼움>을 보러 극장에 갔다.
매표구에서 말했다.
"<연애, 그 참을 수 없는 가려움> 두 장이요."

지금 어디야?

내가 집에 전화했더니 엄마가 받았다.
엄마에게 이렇게 물었다.
"엄마, 지금 어디야?"

쥐, 생선, 자동차, 오리발……
각종 모양의 엽기 슬리퍼들.

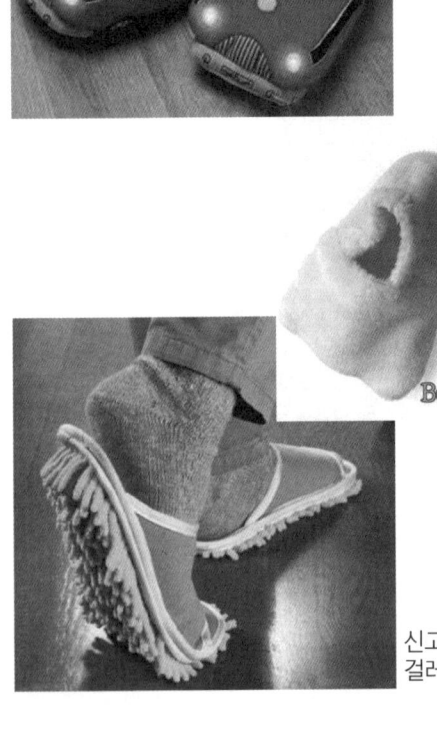

신고 다니기만 하면
걸레질 끝!

토끼, 만화 '심슨네 가족들', 발가락 모양 등의 이색적인 슬리퍼들.

도넛과 돈가스

내 친구 자영이가 약속이 있다며 명동에 갔다.
그런데 약속 장소를 찾을 수 없다면서 나한테 전화를 했다.
"던킨 돈가스가 어디 있지?"

노부부

안방에서 텔레비전을 보고 있던 할아버지가 할머니한테 말했다.
"냉장고에서 우유 좀 가져와. 까먹을지 모르니 적어 가지고 가."
그러자 할머니가 말했다.
"내가 치매라도 걸린 줄 알아요? 걱정 말아요."
잠시 후 할머니가 삶은 계란을 그릇에 담아 가지고 들어오자 할아버지가 말했다.
"왜 소금은 안 갖고 온 거야. 그러게 적어 가랬잖아."

굶어 죽을까 봐…

너무나도 삶이 팍팍한 한 러시아인이 자살하기로 마음을 먹었다.

어느 날 저녁, 그는 빵을 한 봉지 옆구리에 끼고 시골길을 걸었다.

마침내 철로가 나타나자, 이 사람은 그 위에 누웠다.

얼마 후, 한 농부가 지나가다가 이 광경을 보게 되었다.

"여보쇼, 거기 철로 위에 누워 뭘 하는 거요?"

"자살하려고요."

"그런데 그 빵은 뭐요?"

"이거요? 이 지방에서 기차 오는 걸 기다리다가는 굶어 죽는다고 해서요."

좋아하는 음식

미술시간이 되었다.

선생님 : 여러분! 지금부터 각자 좋아하는 음식을 그려

보세요.

학생들 : 네!

선생님이 교실 안을 돌아다니면서 보니, 유독 영수만 도화지에 온통 까만색으로 칠하고 있었다.

그것을 본 선생님이 화를 내며 말했다.

"영수야, 선생님 말 못 들었니? 이게 뭐야, 응? 도대체 이게 뭐냐?"

그 순간 영수는 울먹이면서 말했다.

"저어, 제가 좋아하는 음식은 김인데요."

보신탕집에서…

유난히 개고기를 좋아하는 다섯 명이 보신탕 잘한다는 집에 갔다.

주문받는 아줌마가 사람을 하나씩 세면서 물었다.

"하나 둘 셋…… 전부 다 개죠?"

그러자 다섯 명 모두 고개를 끄덕이며 대답했다.

"네!"

뛰는 놈 위에 나는 놈 있다

한 골동품 장사가 시골의 어느 식당에서 식사를 하게 되었다.

문간에서 개가 밥을 먹고 있는데, 그 밥그릇이 아주 귀한 골동품이었다. 골동품 장사는 그것을 사기로 마음먹었다.

밥그릇을 사자고 하면 팔지 않을 것 같아, 일단 개를 사자고 주인에게 흥정했다.

별 볼일 없는 개를 십만 원을 주겠다고 하니, 주인이 기꺼이 그러자고 했다.

그렇게 해서 개를 샀다. 이제 밥그릇만 손에 넣으면 되는 순간이었다.

"주인장, 그 개 밥그릇까지 끼워서 삽시다."

그러자 주인이 말했다.

"안 됩니다. 그 밥그릇 때문에 개를 백 마리도 더 팔았는걸요."

고걸 모르고서…

평생을 독신으로 살아온 할아버지가 놀이터 의자에 앉아 있었다.

동네 꼬마들이 와서 옛날이야기를 해 달라고 졸랐다. 그러자 할아버지가 조용히 이야기를 시작했다.

"얘들아, 옛날에 어떤 남자가 한 여자를 너무너무 사랑했단다. 그래서 그 남자는 용기를 내어 결혼해 달라고 여자에게 프러포즈를 했지. 그러자 그 여자가 이렇게 말했단다.

'두 마리 말과 다섯 마리 소를 갖고 오면 결혼할게요.'

남자는 그 뜻을 알 수가 없었지만, 두 마리의 말과 다섯 마리의 소를 사기 위해 열심히 돈을 벌었단다. 그러나 여자와 결혼할 수가 없었어. 결국 남자는 혼자 늙어가면서 오십 년이 흘러 버렸지. 그런데 아직까지도 그 남자는 그 여자만을 사랑하고 있단다."

할아버지의 이야기에 귀 기울이고 있던 한 꼬마가 별 이야기 아니라는 듯 말했다.

"에이~ 할아버지! 두 마리 말이랑 다섯 마리 소면 '두 말 말고 오소.'라는 뜻 아니에요?"

아이의 말에 할아버지는 무릎을 치면서 갑자기 소리를 질렀다.

"오잉~? 그렇구나, 그런 뜻이었구나! 아이고, 고걸 왜 몰랐을까? 아이고, 벌써 오십 년이 흘러 버렸네. 아이고, 아이고~!"

아빠 이름

자정이 훨씬 넘어, 경찰이 야간순찰을 하고 있었다.

그런데 잠옷 바람의 꼬마가 고개를 푹 숙이고 집 앞에 앉아 있는 것이었다.

경찰이 이상하게 여기며 꼬마에게 물었다.

경찰 : 얘, 너 여기서 뭐 하니?

꼬마 : 엄마 아빠가 싸워서 피신한 거예요. 물건을 막 집어던지고 무서워 죽겠어요.

경찰 : 쯧쯧. 너의 아빠 이름이 뭔데?

꼬마 : 글쎄, 그걸 몰라서 저렇게 싸우는 거예요.

웃고 있는 시체

세 구의 시체가 검시실에 들어왔다.
그런데 모든 시체가 웃고 있는 것이었다.
그래서 검시관이 물었다.
"아니, 시체들이 왜 모두 웃고 있는 거요?"
그러자 시체실 직원이 대답했다.
"네. 이 첫 번째 시체는 일억 원짜리 복권에 당첨되어서 심장마비로 죽은 사람이에요. 그리고 두 번째도 심장마비인데, 자기 자식이 일등 했다고 충격 받아서 죽은 사람입니다."
검시관이 다시 물었다.
"이 세 번째 사람은요?"
"이 세 번째 사람은 벼락을 맞았습니다."
"벼락을 맞았는데, 왜 웃고 있는 거요?"
"사진 찍는 줄 알고 그랬답니다."

나 점 뺐어!

숫자 4.5와 5가 있었다.

5보다 낮은 4.5는 항상 5를 형님으로 모시며 깍듯하게 예의를 차리곤 했다.

그러던 어느 날, 평소 그렇게 예의 바르던 4.5가 5에게 반말을 하며 거들먹거렸다.

그 모습을 본 5가 화를 내며 말했다.

"너 죽을래? 어디서 감히!"

그러자 4.5가 째려보면서 대답했다.

"까불지 마! 인마, 나 점 뺐어!!"

미남과 추남의 차이점

미남이 윙크하면 유혹, 추남이 윙크하면 희롱!
미남이 침 뱉으면 박력, 추남이 침 뱉으면 더티!
미남이 공부하면 유식, 추남이 공부하면 동정!
미남이 말 타면 왕자, 추남이 말 타면 방자!

100일

어떤 여자가 새로 사귄 남자친구에게 편지를 썼다.

'당신이 옛날 저의 애인이 했던 것처럼 100일 동안 밤마다 저희 집 앞으로 와 주신다면 당신 뜻대로 결혼하겠어요.'

그날 밤부터 그 남자는 비가 오나 눈이 오나 바람이 부나 그 여자 집을 찾아왔다.

그리고 그 증거로 집 앞에 서 있는 큰 나무 밑에다 금을 그어 놓았다.

99일째 밤에는 폭풍우가 몹시 몰아쳤다. 여자는 창문을 통해 비바람 속에서 금을 긋고 있는 남자를 지켜보다가 우산도 쓰지 않은 채 문 밖으로 나와 말했다.

"이제 당신의 마음을 알았어요. 내일 밤까지 기다릴 필요 없이, 우리 결혼해요."

그러자 금을 긋고 있던 남자기 당황해하며 말을 더듬거렸다.

"저…… 저는 아르바이트생인데요."

남편의 마음

아내가 평소와 달리 화려하게 치장을 하고 남편의 회사 앞으로 찾아갔다.

퇴근 시간이 되어 남편이 회사에서 나오자, 아내가 장난스레 다가가 섹시한 목소리로 말을 걸었다.

"너무 멋져서 뒤따라왔어요. 저와 식사라도 어때요?"

그러자 남편이 냉랭하게 말했다.

"됐소! 댁은 내 마누라랑 너무 닮아서 재수 없소!"

논 쟁

철수와 민수가 논쟁을 벌이고 있었다.

철수 : 우리 아빠가 너희 아빠보다 더 나아!

민수 : 좋아. 하지만 우리 엄마는 너희 엄마보다 훨씬 더 낫다.

철수 : 내가 졌다. 우리 아빠도 그렇게 말씀하셨거든. 너네 엄마가 훨씬 더 낫다고.

어디에 떨어뜨렸을까…?

내과 진료를 마치고 간 미숙이가 한 시간 후에 의사를 다시 찾아왔다.

"볼일이 남으셨나요?"

"선생님! 아까 진료 후에 혹시 제 속옷이 떨어져 있지 않았나요?"

"글쎄요. 못 보았는데요."

"죄송합니다. 치과에 떨어뜨린 모양이네요."

자 식

아버지와 아들이 동물원 사자 우리 앞에 서 있었다.

아버지는 사자가 얼마나 무섭고 힘센 동물인지 설명해 줬다.

심각하게 듣고 있던 아들이 입을 열었다.

"아빠, 있잖아요……. 사자가 우리를 뛰쳐나와 아빠를 덮치게 되면 난 어떻게 집에 가야 해요?"

오직 제 기도만…

사업을 하다가 부도가 난 민수가 교회를 찾았다.

"하느님! 저에게 10억이 생기게 해주세요. 제발!"

민수가 열심히 기도를 하고 있는데, 뒤쪽에서 기도하는 소리가 들려왔다.

"하느님! 저에게 100만 원이 생기게 해주세요, 네? 제발 아이들이 지금 굶고 있습니다."

민수는 그 사람의 기도를 듣고 주머니에서 100만 원을 꺼내 주면서 말했다.

"어서 나가요. 어서!"

그 남자를 내보낸 다음 민수는 다시 기도를 시작했다.

"하느님, 이제 주변이 조용해졌습니다. 오직 제 기도에만 신경 써 주십시오."

1초 후가
궁금한 장면들…….

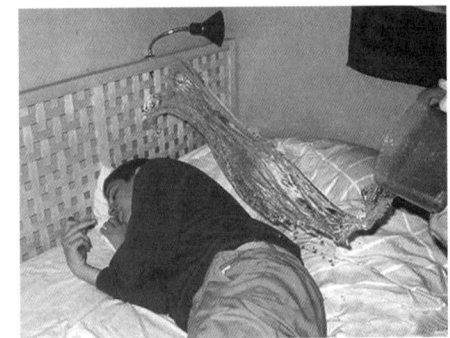

경쟁에서 살아남으려면…

 평소에 봉사를 많이 해온 정호가 길을 가다 걸인을 보고 발길을 멈췄다.

"하루에 얼마나 법니까?"

"네, 하루 종일 일하면 3천 원 정도 법니다."

 정호가 그 걸인의 목에 걸린 푯말을 읽어 보니 거기에는 이렇게 쓰여 있었다.

 '저는 태어나서 지금까지 앞을 본 적이 없습니다. 도와주세요.'

 정호는 펜을 꺼내어 푯말에 적힌 내용을 수정해 주었다.

 한 달 후에 다시 그곳을 지나던 정호가 걸인에게 물었다.

"요즘 경기는 어떻습니까?"

"선생이 다녀가신 후 수입이 몇 배로 늘었습니다. 도대체 뭐라고 쓰신 겁니까?"

"별것 아닙니다. 저는 단지 감성을 자극했을 뿐입니다. '겨울이 오고 하늘에선 하얀 꽃이 내리건만 저는 그것을 볼 수가 없습니다.'라고요. 남과 같아서는 경쟁에서 살아남을 수 없지요. 그것이 제 철학입니다."

세대 차이

나쁜 짓을 한 아들이 아버지 앞에 서 있었다.

"너를 잘못 키운 나의 잘못이다."

아빠는 회초리로 자신의 종아리를 때렸다.

"아빠, 제가 잘못했어요. 흑흑흑."

20년 후, 그 아들이 커서 한 아이의 아버지가 되었다. 그의 아들도 똑같이 말썽꾸러기였다.

자신의 어린 시절을 떠올리며 아들의 앞에서 자신의 종아리를 내리쳤다.

"아들아, 이 아빠가 너를 잘못 키워서 미안하구나."

그 모습을 물끄러미 바라보고 있던 아들은 놀란 듯 뛰쳐나갔다.

"엄마! 엄마! 큰일 났어요. 아빠가 미쳤나 봐."

무정한 아내

"여보! 나, 이번에 부장 됐어."

남편이 자랑스럽게 말하자, 부인이 대꾸했다.

"흔하디흔한 게 부장이에요. 슈퍼마켓에 가 봐요. 사과 부장도 있으니까."

화가 난 남편은 슈퍼에 전화를 걸어 사과 부장을 바꾸어 달라고 했다.

그랬더니 친절하게도 이렇게 되물었다.

"포장된 사과 담당 부장인가요? 아니면 달아서 파는 사과 담당 부장인가요?"

정치가의 자질

정치가가 갖춰야 할 자질을 묻자, 처칠이 대답했다.

"정치인은 내일, 내달, 내년에 무슨 일이 일어날지를 정확히 예측해야 합니다. 그리고 그때 가서는 그 예언이 맞지 않은 이유를 설명하는 능력이 있어야 합니다."

멸치 부부

 모든 바닷고기들이 부러워할 정도로 아주 열렬히 사랑하는 멸치 부부가 있었다.

 그런데 어느 날 바다에서 헤엄치며 다정하게 놀다가 그만 어부가 쳐 놓은 그물에 걸려들고 말았다.

 그물 안에서 남편 멸치가 슬프게 말했다.

 "여보! 우리 시래깃국에서 다시 만납시다."

헤어질 수 없는 부부

 전깃줄에 참새 부부가 나란히 앉아 있었다.

 그런데 포수가 나타나서 참새 부부를 총으로 쏘아 둘 다 맞췄다.

 남편 참새가 먼저 떨어지면서 이렇게 말했다.

 "여보! 우리 포장마차에서 꼭 다시 만납시다."

이 유

수업을 마친 두 초등학생.

"신은 왜 남자를 먼저 만드셨을까?"

"당연하잖아. 여자를 먼저 만들었다고 생각해 봐. 남자를 만들 때 여기를 크게 해 달라, 저기를 길게 해 달라 잔소리가 심할 텐데…… 그걸 어떻게 다 들어주니?"

그건 당신 몫

한 신혼부부가 연속해서 두 번의 일을 치렀다. 잠시 후 남편이 잠자리에 들려고 하자, 여자가 말했다.

"좀 더 해요."

남자가 난처한 듯 대답했다.

"엄마가 무리하게 두 번 이상은 하지 말랬어."

그러자 여자가 당당하게 따졌다.

"그건 당신 몫이지. 지금부터는 내 몫을 하자는 거예요."

착 각

"사장님, 전 한 사람의 월급을 받고서 세 사람이 할 일을 20여 년 동안 했습니다. 이제 월급을 올려 주세요."
"뭐야? 자네가 그 두 사람의 이름을 말한다면, 둘을 해고시키고 월급을 올려 주겠네."

실연 후유증

친구가 철수에게 물었다.
"자네, 실연 당했나? 요즘 힘들어 보이는데, 괜찮나?"
"응, 괜찮아."
"정말 괜찮은가?"
"평소에는 잊고 있다가, 한 달에 한 번만 생각이 나."
"언제 생각나는데?"
"카드대금 나올 때."

피장파장

영수 : 저렇게 게으른 녀석은 처음 본 것 같아. 두 시간 동안 꼼짝도 않던 걸.

철수 : 그걸 네가 어찌 알아?

영수 : 줄곧 내가 지켜봤거든…….

경찰의 변명

슈퍼에서 도둑을 쫓던 경찰이 소리쳤다.

"도둑이 도망친 것 같아요. 없어요."

그러자 다른 경찰이 소리쳤다.

"도대체 어떻게 했기에 놓쳤냐구? 출구를 다 막으라고 했잖아!"

이에 한 경찰관이 대답했다.

"출구는 다 막았었죠. 그런데 그놈이 입구로 도망을 쳤지 뭐예요."

상대성 원리

머리가 희끗한 남자가 백화점 점원에게 물었다.
"내가 좀 젊어 보이는 방법이 있을까요?"
"나이가 많은 여자분과 함께 다녀 보면 어떨까요?"

가장 아픈 순간

의사가 수술을 끝내고 말했다.
"수술은 성공적입니다. 경과도 좋을 것입니다. 그렇지만 한동안은 좀 아플 수 있습니다."
그러자 환자가 물었다.
"언제가 가장 아플까요?"
이에 간호사가 대답했다.
"계산서 볼 때죠."

담배가 이로운 것이라면…

집에서 공부하는 자녀에게……

엄마 : 애야! 얼굴이 안 좋아 보이는구나. 담배 한 대 피우고 하거라.

그러면 듣고 있던 아빠가 옆에서 거든다.

아빠 : 그래, 엄마 말 듣고 담배 한 대 피워. 여보! 애 공부하는데, 당신이 빨리 집 앞 슈퍼에 가서 담배 한 갑 사오구려. 우리 애 피우는 것으로 말이오.

학교에서 공부로 스트레스 받는 학생들에게……

선생님 : 너희들, 아침에 안색이 피곤해 보인다. 다들 담배 한 대씩 물고 시작하자.

학생 : 저는 담배를 안 피우는데요?

선생님 : 너는 제대로 하는 게 뭐가 있어? 그러니까 네가 공부도 못하는 거야.

선생님이 화장실에서 담배 피우는 학생을 보면……

선생님 : 이 자식, 왜 공부를 잘하는가 했더니…… 화장

실에서까지 담배를 피우네. 그래, 건강하면 공부도 잘하는 법이지! 앞으로도 열심히 피워.

  학생 : 선생님도 하나 피우시겠어요?

친구가 줄담배를 피우고 있으면…….
  친구 : 짜식, 자기 몸은 되게 생각한다니까. 좋은 건 다 해요.

몸이 아픈 친구에게 병문안을 가면…….
  친구 : 자식, 몸도 안 좋은데 담배나 한 대 빨아라.
  환자 : 고맙다. 녀석, 나 생각해 주는 건 너밖에 없다.

지하철에서 여자가 담배를 피우면…….
  지켜보던 어른들 : 하여튼 몸에 좋다는 것은 꼭 따라 한다니까. 아무튼 저래서 예쁜가?

TV 광고…….
  '영양 풍부, 건강 만점, 스트레스도 화악 날려주는 난다 표 담배~! 식후엔 잊지 마세요!'

당신이 받아!

 극장 앞에서 친구를 기다리고 있는데 생전 모르는 사람이 따귀를 때렸다.
 "아니, 왜 때려요?"
 "아, 죄송합니다. 제 친구인 줄 알고……."
 맞은 것이 억울한 남자는 때린 사람을 경찰서로 끌고 갔다.
 "듣고 보니 당신이 잘못을 했군. 이 사람에게 5만 원을 주게."
 "은행에 가서 찾아오겠습니다."
 그런데 아무리 기다려도 오지 않자, 남자가 순경을 한 대 후려쳤다.
 "아니, 이 사람이?"
 "나는 더 이상 기다릴 수 없소. 그 사람이 오거든 나 대신 5만 원을 받아 가지시오."

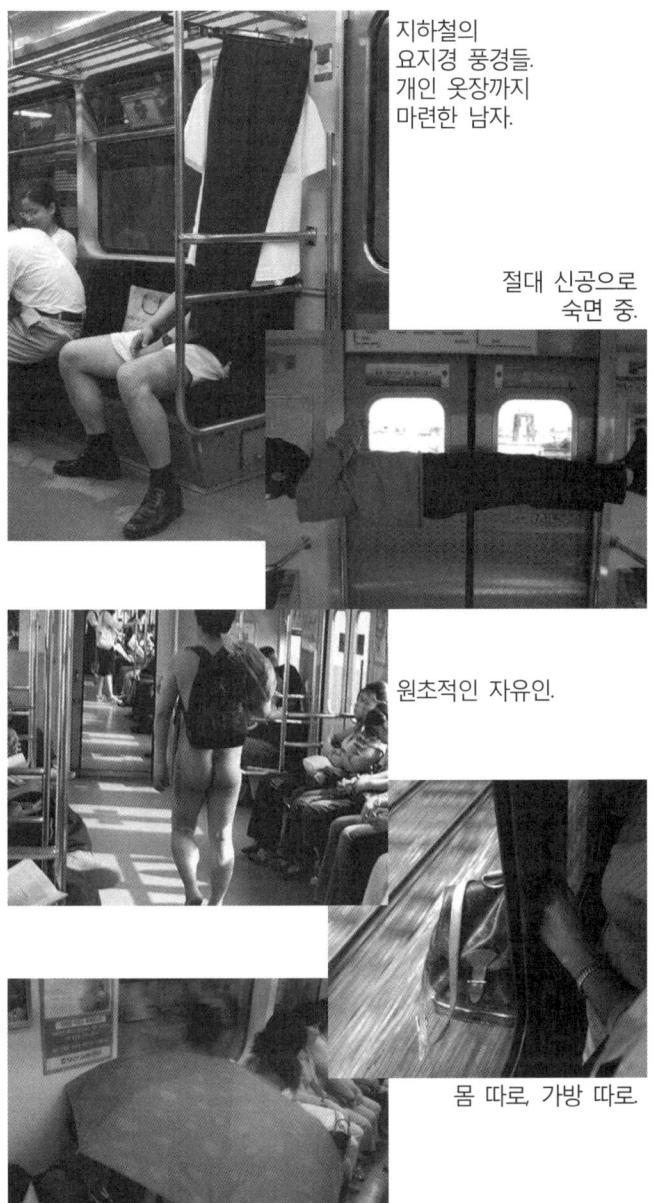

지하철의
요지경 풍경들.
개인 옷장까지
마련한 남자.

절대 신공으로
숙면 중.

원초적인 자유인.

몸 따로, 가방 따로.

비 내리는(?) 지하철.

유 언

임종을 앞둔 아내가 유언을 했다.
"여보, 당신 나 죽으면 새 아내를 들일 거죠? 저, 부탁이 있어요."
"말해 봐, 여보! 내가 다 들어줄게."
"그 여자에게 제 옷은 입히지 말아요."
"여보, 그런 거라면 걱정 안 해도 돼. 그 여자는 당신과는 전혀 취향도 다르고 체격도 반대니까."

그런데 왜?

민수와 정호가 만났다.
"자넨 요리 못하는 여자를 어찌 생각하는가?"
정호가 물었다.
"절대 싫어!"
"그럼 돈 씀씀이가 헤픈 여자는?"
"물론 더 싫지."

"촌스런 여자는?"
"아주 질색이야."
"그런데 왜 내 마누라에게 접근하나?"

질투심 유발

한 부인이 수심에 가득 찬 얼굴로 거실에 앉아 있었다. 차를 따라주던 가정부가 부인에게 물었다.
"사모님, 뭐 안 좋은 일이라도 있으세요?"
그러자 부인이 한숨을 푹 내쉬며 말했다.
"남편이 수상해……. 아무래도 회사의 여비서랑 무슨 일이 있는 것 같아."
그러자 갑자기 가정부가 팍 짜증을 내면서 소리쳤다.
"사모님, 지금 제게 질투심을 유발시키려고 그런 소리를 하시는 거죠?"

충 고

남편의 회사에 나온 부인이 여비서를 만났다.
"새로 온 비서인가요?"
"네, 사모님."
"내가 한 가지 충고해도 될까요?"
"그럼요, 사모님!"
"예전 여비서처럼 엉덩이를 가볍게 놀리면 안 돼요."
"예전 여비서가 누군데요?"
"나요."

이유가 있었다

회사 일로 출장을 간 대호는 일이 빨리 끝날 것 같아, '하루 일찍 돌아간다.'고 집으로 전보를 보냈다.
집으로 돌아간 대호는 아내인 혜선이가 다른 남자와 침대에 있는 것을 보고 소리쳤다.
"이걸 그냥! 당장 이혼이야."

대호는 짐을 싸 가지고 집을 나왔다.

이 얘기를 들은 장모가 대호에게 전화를 걸었다.

"여보게, 사위. 왜 그랬는지 이유라도 들어 봐야지."

대호가 대답했다.

"장모님, 아내가 바람을 피웠는데 더 이상 무슨 얘기를 듣겠습니까?"

장모는 잠시 뜸을 들이더니 말했다.

"내가 깜빡하고 혜선이에게 자네의 전보를 전해 주지 못했다네."

색 맹

저수지 물위를 둥둥 떠다니던 새끼 청둥오리가 엄마 청둥오리에게 물었다.

"엄마, 나 청둥오리 맞아?"

"그럼. 넌 내가 낳은 이~쁜 새끼잖니."

"그런데 왜 난 흰색이야?"

"쉿! 조용히 해! 니 애비 색맹이야."

지들 꿈에선…

영희 : 아유, 분해! 어쩌면 좋지?
미정 : 아니, 왜 그래? 아침부터…….
영희 : 글쎄, 내 꿈에서 남편이 어느 여자와 신나게 바람을 피우잖니?
미정 : 그건 꿈인데, 뭘 그러니?
영희 : 뭐라구? 내 꿈에서도 그러는데, 지들 꿈에선 얼마나 더 난리겠냐구!

반 응

민호가 요즘 심각한 걱정이 있어 병원을 찾았다.
"어디가 아프시죠?"
"네, 전 요즘 너무 심각합니다. 예쁘고 매력적인 여자만 보면 발가락 사이가 부풀어 오르고 근질거려서요."
"어느 발가락 사이에 그런 증상이 있습니까?"
"엄지발가락과 엄지발가락 사이요."

화장실 사용료

화장실 사용료 : '남자 200원, 여자 100원'
왜?
남자는 흔드니까. — 흔들면 두 배!
하지만 얼마 뒤 변경되었다.
화장실 사용료 : '남자 100원, 여자 200원'
왜?
남자는 입석이고, 여자는 좌석이라서······.

거 울

돈은 많지만 무식한 부인이 전문 가이드와 함께 미술품을 관람하고 있었다.
한 그림 앞에서 부인이 말했다.
부인 : 아, 이 그림은 그 유명한 로댕의 작품이군요.
가이드 : 이건 고흐의 그림인데요. 로댕은 조각가죠.
가이드의 말에, 부인이 얼굴을 붉혔다. 그런데 그런 후에

도 매번 아는 척하다 계속 무안을 당했다.

잠시 후, 이상한 그림 앞으로 다가간 부인이 이제까지의 무안을 떨쳐버릴 수 있는 기회라고 생각했는지 또다시 아는 척을 했다.

부인 : 이 이상한 그림은 그 유명한 피카소의 그림 맞죠?

가이드 : 저, 그건…….

가이드는 당황해하며 낮은 목소리로 말했다.

가이드 : 저… 부인, 그건 거울인데요.

착용의 자유

가슴이 작은 아내가 브래지어를 착용하자, 남편이 말했다.

"가슴도 작은데, 굳이 그걸 할 필요가 있나?"

그러자 아내가 낮은 목소리로 대꾸했다.

"내가 당신에게, 물건도 작은데 팬티까지 입는다고 뭐라 합디까?"

멋진 펀치

머리가 드문드문 난 부장이 머리에 무스를 바르고 멋을 내는 직원에게 웃으면서 말했다.

"자네는 머리에다 끊임없이 돈을 투자하는구먼. 그러다가는 대출을 받아야 할지 모르겠군."

그 말을 들은 직원이 태연하게 웃으며 대답했다.

"걱정해 주셔서 감사합니다. 부장님께서 머리에 투자하지 않고 모아두신 돈을 제게 주시면 되겠네요."

내가 관계자

아내가 아기를 낳았다고 하자 남편이 병원으로 달려갔다. 분만실에 막 들어가려는데 간호사가 막았다.

"여기는 관계자 외 출입금지 구역입니다."

그러자 남자가 큰 소리로 말했다.

"여보시오, 내가 바로 관계자요."

이것도 여성용

어떤 남자가 소변이 너무 급한 나머지 눈앞에 보이는 화장실로 무작정 뛰어 들어갔다.

그리고 화장실 문을 열고 자신의 그것을 꺼내 '쉬~' 하려는데, 마침 그 안에서 일을 마치고 옷을 추스르던 한 아가씨가 소리를 질렀다.

"꺄악! 여긴 여성용 화장실이란 말예요!"

그러자 남자가 더듬대며 말했다.

"저…… 이것도 여성용인데요."

도둑의 유언

이름 난 도둑이 죽기 전에 친구에게 유언을 남겼다.

"그동안 자네에게 신세를 많이 졌네. 그래서 자네에게 소중한 것을 주려고 하네."

"뭘 주려고?"

"다이아몬드 반지."

"이거 너무 과분한데. 그런데 그 보석은 어디에 있나?"
"청담동 국회의원 안방 서랍에."

국민을 위하여

푸틴 대통령이 바깥나들이를 할 때마다 교통을 통제하는 바람에 모스크바 시민들의 불만이 대단했다.

어느 날 푸틴이 "국민에게 더 이상의 불편을 끼치지 않기 위해 앞으로 지하철을 이용하겠다."고 발표했다.

다음 날 아침, 많은 시민들이 지하철역에 도착했을 때 다음과 같은 안내문이 붙어 있었다.

'앞으로 일반인은 지하철을 이용할 수 없습니다!'

시 합

할아버지와 할머니가 싸움을 하면 언제나 할머니가 이겼다. 상황이 이렇다 보니 할아버지는 죽기 전에 할머니에게 한번 이겨 보는 게 소원이었다.

그래서 생각 끝에 할아버지는 할머니한테 내기를 하자고 제안했다.

내기는 '오줌 멀리 싸기'였다.

그런데 이번에도 또 할아버지가 지고 말았다.

오줌 멀리 싸기라면 당연히 남자인 할아버지가 이길 텐데……, 알고 보니 시합 전에 할머니가 내건 한 가지 조건 때문에 할아버지가 진 것이었다.

"영감! 절대로 손대기 없시유~!"

축복받은 할아버지

70세인 할아버지가 건강검진을 받으러 병원에 갔다.

할아버지는 의사에게 건강 상태는 좋은데, 밤에 화장실

을 자주 간다고 했다. 그러면서 이렇게 덧붙였다.

"의사 양반, 내가 하늘의 축복을 받았나 봐요. 내 눈이 침침해지는 걸 하느님이 어떻게 아셨는지, 내가 오줌을 누려고 하면 불을 켜주고, 볼일이 끝나면 불을 꺼주시더란 말이야~."

이 말을 들은 의사가 할아버지 부인을 불러 말했다.

"영감님의 검사 결과는 좋은데, 제 맘에 걸리는 이상한 말씀을 하시더군요. 밤에 화장실을 사용할 때 하느님이 불을 켰다 꺼주신다고……."

그러자 할머니가 큰 소리로 말했다.

"이놈의 영감탱이! 또 냉장고 안에 오줌을 쌌구먼~!"

도대체 어디로 갔지?

어젯밤에 방에서 맥주를 마시다가 화장실 가기가 귀찮아서 맥주병에 오줌을 쌌다.

그런데 아침에 일어나 보니 모두 빈 병들뿐이다.

도대체 오줌이 어디로 갔지?

에이, 설마?

김 여사의 자동차 사랑.

여름철에는 수박라면!

축하합니다! 순산입니다.

뭔가 아픈 사연이 엿보이는 가훈······.

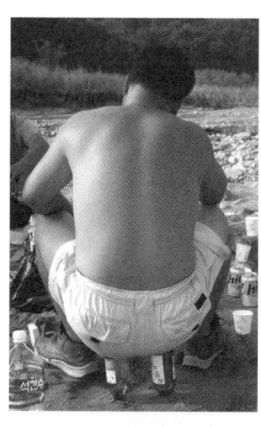

잔머리의
대가.
(술병 의자)

영화와
현실의 차이.

오해 금지!
(남자는
조각상…….)

크리스마스
트리.
(어떻게
설치했지?)

공포영화 주인공 전용 화장실.

좋은 말이지만, 해서는 안 되는 말들

목사님에게 : "당신은 살아 계신 부처님이십니다."
올해 99세인 할머니께 : "할머니, 100살까지 사세요."
대머리에게 : "참석해 주셔서 자리가 빛났습니다."
간수가 석방되어 나가는 전과자에게 : "아마도 당신이 그리워질 것입니다. 다음에 또 뵙지요."

계급 차이

군대 병장과 이병이 목욕탕에 갔다.
병장이 이병에게 "등 밀어!"라고 했다.
이병은 병장의 등을 정성스럽게 밀었다.
이번에는 병장이 이병의 등을 밀어줄 차례.
이병의 등에 병장이 때 타월을 대고 말했다.
"움직여!!"

특기

어느 회사의 면접시험 날이다.
현석이가 긴장하며 시험관 앞에 섰다.
"자네의 특기가 뭔가?"
"네, 저는 사람을 웃기는 재주가 있습니다."
"그럼 한번 웃겨 봐!"
현석이는 뚜벅뚜벅 걸어가 문을 열더니 대기자들에게 이렇게 소리쳤다.
"모두 돌아가세요. 오늘은 면접시험이 끝났습니다."

어떤 면접

어떤 회사에서 신입사원 면접을 보고 있었다.
면접관 : 다음 사람! 자네는 특기가 뭔가?
입사 지원자 1 : 네, 저는 하늘을 날 줄 압니다.
면접관 : (어이없어 하며) 그만 나가 보게.
그런데 그 입사 지원자는 '네.' 하고는 창문 밖으로

날아가 버렸다. 면접관은 너무나 놀란 나머지, 앞으로는 함부로 사람 말을 무시하지 않기로 했다.

면접관 : 다음 사람! 자네는 특기가 뭔가?

입사 지원자 2 : 저는 개와 이야기를 할 줄 압니다.

면접관은 또다시 기가 막혔지만, 아까 하늘을 나는 사람을 봤기 때문에 꾹 참으며 말했다.

면접관 : 어디 해 보게.

그러자 입사지원자는 데리고 온 개와 이야기를 나누기 시작했다.

입사 지원자 2 : 뽀삐, 벽을 영어로 뭐라고 하지?

개 : 월(wall)~ 월(wall)~.

입사 지원자 2 : 그럼 중세 봉건시대의 최고 권력자는 누구지?

개 : 왕(王)~ 왕(王)~.

면접관은 기가 막혔다.

면접관 : 이만 나가 보게!

그러자 입사 지원자 2와 같이 나가던 개가 말했다.

개 : (고개를 갸웃거리며) 왕이 아니라 임금인가?

맹구의 면접

맹구가 경찰이 되기 위해 면접을 보는 날이었다.
면접관이 물었다.
"김구 선생이 누구에게 피살되었지?"
그러자 맹구는 바로 아내에게 전화를 걸어 말했다.
"자기야! 나 첫날부터 사건 맡았어~!"

무슨 죄를 지었기에…

호자가 시내에서 우연히 목사님을 만났다.
"어머, 목사님! 안녕하세요?"
"호자 씨, 요즘도 일하면서 술을 많이 마시나요?"
"직장생활을 하다 보니 그만……."
"아무래도 우리가 천국에서 못 만나게 될 것 같군요."
그 말에 호자가 걱정스러운 표정으로 대꾸했다.
"목사님, 대체 무슨 죄를 지으셨기에 그러세요?"

용서를 받으려면…

어느 교회의 주일학교에서 선생님이 물었다.
"용서를 받기 위해서는 무엇을 해야 하지요?"
생각에 잠겨 있던 한 아이가 일어서서 대답했다.
"먼저 죄를 지어야지요."

역주행

어느 노인이 아들네 집에 가느라 차를 몰고 고속도로를 달리고 있는데, 아들에게서 전화가 왔다.
"아버지, 지금 고속도로죠?"
"그래. 그런데 왜?"
"지금 뉴스에 나왔는데, 어떤 차 한 대가 고속도로에서 역주행하고 있대요. 그러니까 조심하시라구요!"
그러자 노인이 대답했다.
"차 한 대가 아니라 온통 미친 놈 천지다. 지금 수백 대가 역주행하고 있어!"

나라는 살아난다!

정치인들이 탄 비행기가 바다에 추락했다.
기자들이 의사에게 물었다.
"대통령은?"
"가망 없습니다."
"총리나 장관은?"
"가망 없습니다."
"여당, 야당 대표는?"
"가망 없습니다."
"그럼 누가 살 수 있나요?"
"나라는 살아나겠습니다."

용기를 주는 선생님

고등학생인 태현이가 목욕을 하러 갔다.
그곳에서 담임선생님을 만났다.
옆을 힐끗 보니 선생님의 그것이 너무나 작았다. 게다가 멋을 부리려고 거기에 문신을 했는데, 세로로 '나님'이라는 글자가 적혀 있었다.

'나님……?'

무슨 뜻인지 궁금했지만, 상대적으로 큰 자신의 물건에 우월감을 느낀 태현이는 목욕탕을 한바탕 휘젓고 다니다가 샤워기 쪽으로 돌아왔다.

그런데 아까 보았던 선생님의 그것이 아주 커다랗게 부풀어 올라 있었고, 거기에는 이렇게 쓰여 있었다.

'나는야 학생들을 사랑하고 언제나 용기를 주는 선생님.' (아깐 접혀서?)

월급의 용도

과장이 물었다.

"자네, 월급을 모두 용돈으로 쓰고 있지?"

이 말을 들은 사원이 웃으면서 말했다.

"아닙니다. 저는 생활비로 유용하게 쓰고 있는데, 회사에서는 용돈으로 생각하고 주는가 보군요."

유능한 의사

신경질적인 어느 회사의 사장이 병에 걸려 자리에 눕게 되어 의사를 불렀다.

"어디가 어떻게 아프십니까?"

"어디가 아픈지는 당신이 알아내야 하는 거 아니오?"

의사가 묻자, 환자인 사장이 투덜거렸다.

"알겠습니다. 가서 수의사를 데려오려면 한 시간쯤 기다려야 하겠습니다. 보지도 않고 진찰할 수 있는 사람은 그 사람뿐입니다."

병 명

아이가 몸살을 앓자, 엄마가 병원에 데리고 갔다.

의사 : 이 아이의 병은 고칠 수 없습니다.

엄마 : 무슨 병인가요?

의사 : 꾀병입니다.

많이 부어서…

비뇨기과에 환자가 찾아왔다.
"어디가 안 좋아서 왔나요?"
"절대 웃으시면 안 됩니다."
의사의 질문에 환자가 이렇게 말하면서 바지를 벗어 내렸다. 그런데 고추가 새끼손가락만한지라 의사는 웃음을 참으려고 안간힘을 썼다. 그때 환자가 심각한 표정으로 이렇게 증상을 얘기했다.
"많이 부었어요."

수술하기 쉬운 환자

외과의사 네 명이 카페에서 대화를 나누고 있었다.
한 의사가 수술하기 쉬운 사람에 대해 말을 꺼냈다.
"나는 도서관 직원들이 가장 쉬운 것 같아. 그 사람들 뱃속의 장기들은 가나다순으로 정렬되어 있거든."
그러자 다른 의사가 말했다.

"난 회계사가 제일 쉬운 것 같아. 그 사람들 내장들은 전부 다 일련번호가 매겨져 있거든."

그러자 이번에는 또 다른 의사가 차를 한 모금 마시더니 이렇게 말했다.

"난 전기 기술자가 제일 쉽더라. 그 사람들 혈관은 색깔별로 구분되어 있잖아."

세 의사의 얘기를 듣고 있던 네 번째 의사가 잠시 생각에 잠기더니 이렇게 말을 받았다.

"난 정치인들이 제일 쉽더라고. 그 사람들은 골이 비어 있고, 뼈대도 없고, 쓸개도 없고, 소갈머리나 배알머리도 없고, 심지어는 안면도 없잖아. 속을 확 뒤집어 헤쳐 놓으면 '돈'만 나오거든."

무슨 암인가요?

어느 날 환자가 의사를 찾아가 진료를 받았다.

그런데 환자는 의사가 진료 기록에 쓴 내용을 보고 화들짝 놀라며 말했다.

"내 진료 기록부에 당신이 '신근암'이라고 쓰는 걸 봤소. 사실대로 말해 주시오. 그게 도대체 무슨 암이요?"

의사가 웃음을 참고 말했다.

"신근암은 제 이름인데요."

자유경쟁사회의 모순

호텔 지배인이 복도를 지나다가 슬픈 얼굴을 하고 있는 구두닦이를 만났다.

"어이! 왜 그리 슬픈 얼굴을 하고 있나? 나도 젊었을 땐 구두닦이를 했었네. 그런데 이렇게 훌륭한 호텔 지배인이 되지 않았나? 이런 것이 자유경쟁사회의 원리 아닌가?"

그러자 구두닦이가 말했다.

"저도 과거엔 큰 호텔의 지배인이었죠. 그런데 지금은 구두를 닦고 있으니 자유경쟁사회의 모순이죠."

빵, 달걀, 과일 등
음식물로 만든
재미있는 작품들.

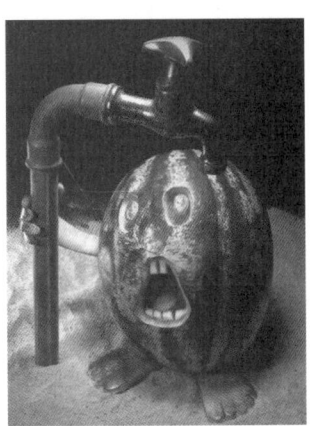

소원대로

친구끼리 도박을 하다가 큰돈을 잃은 철민이가 심장마비로 그 자리에서 죽었다.

친구들은 철민의 부인에게 이 사실을 어떻게 말해야 할지 난감했다.

망설이다가 철민의 집에 전화를 걸었다.

"제수 씨, 철민이가 어제 도박을 하다가 큰돈을 몽땅 잃었습니다."

"으이구! 나가 뒈지라고 해요!!"

"네, 이미 소원대로 됐습니다."

그럼 안심이네…

"여보세요, 혹시 이 근처에서 경찰 못 보셨소?"

"아뇨, 아무 데도 없던 걸요."

"그래요? 그럼 꼼짝 마! 그 시계하고 주머니의 돈 모두 내놔!"

괜한 걱정

동업자 천수와 정호가 점심을 먹으러 나가는 중이었다. 그런데 갑자기 천수가 큰일 났다는 듯이 말했다.

"사무실에 가 봐야겠어. 금고 문을 잠그지 않은 것 같아."

"걱정할 것 없어. 우리 둘 다 여기 있잖아."

전 공

동료 두 사람이 이런저런 얘기를 나누었다.

"이봐, 자네 마누라는 화학과 나왔지?"

"응. 그런데 왜?"

"살림에 도움이 되나?"

"그럼. 되고말고."

"어떤 식으로? 말해 봐."

"어제 저녁에 갈비를 숯으로 만드는 데 성공했지."

물건 고르는 솜씨

아내가 새 옷을 사오자 남편이 한마디 했다.

남편 : 그걸 예쁘다고 골랐어? 도대체 물건 고르는 솜씨가 없단 말이야. 나 좀 닮아 봐!

아내 : 맞아요. 그래서 당신은 나를 골랐고, 나는 당신을……．

실험의 결과

어떤 과학자가 거미에 관한 실험을 했다.

그는 거미를 책상 위에 올려놓고 사람들이 보는 앞에서 소리쳤다.

"뛰어! 뛰어!"

그랬더니 거미가 뛰기 시작했다.

그러자 그는 거미의 다리를 부러뜨리고 거미에게 다시 소리쳤다.

"뛰어! 뛰어!"

그러나 다리가 부러진 거미는 꼼짝하지 않았다.
실험이 끝난 후, 그 과학자가 실험의 결론을 발표했다.
"거미의 귀는 다리에 있다."

개밥까지…

민철이가 식당에 가서 밥을 먹고 있었다.
한 꼬마가 들어오더니 식당 아주머니에게 말했다.
"엄마, 개한테 밥 안 줘?"
아주머니가 꼬마를 보고 말했다.
"조금만 기다려 봐. 저 손님이 먹고 남긴 거 줄게."
민철이는 배가 고프던 차에 밥을 하나도 남기지 않고 다 먹어 버렸다.
그러자 꼬마가 울음을 터뜨리면서 말했다.
"엄마! 손님이 개밥까지 다 먹었어."

사오정의 정답

영어 시간에 사오정이 영구에게 물었다.

사오정 : 너 삼각형을 영어로 뭐라고 하는지 알아?

영구 : 몰라.

사오정 : 그것도 모르냐? 트라이앵글이잖아. 그러면 동그라미는 뭐라고 하는 줄 알아?

사오정의 질문에 영구는 머리를 긁적이며 모르겠다고 했다. 그러자 사오정이 거드름을 피우며 말했다.

"야, 바보같이 어떻게 그것도 모르냐? 탬버린이잖아. 탬버린~!"

당연한 결과

사오정이 수학 시험에서 10점을 받았다.

아버지는 화를 꾹 참고 "다음에 또 10점을 받아오면 내 아들이 아니다."라고 훈계했다.

한 달 뒤 시험을 보았다.

아버지가 사오정에게 물었다.
"그래, 이번엔 몇 점 받았지?"
그러자 사오정이 고개를 갸우뚱하며 말했다.
"아저씨, 누구세요?"

맹구와 짱구의 구구단 대결

짱구 : 9×9
맹구 : 콘!
짱구 : 4×5
맹구 : 정!

밥통 두 개

산수 시간에 남수에게 선생님이 문제를 냈다.
선생님 : 1+1은 얼마지?
남 수 : 잘 모르겠는데요.

선생님 : 넌 정말 밥통이구나. 이렇게 간단한 계산도 못 하다니. 예를 들면, 너하고 나하고 합치면 얼마가 되느냐 말이야?
남 수 : 그거야 쉽지요.
선생님 : 그래, 얼마지?
남 수 : 밥통 두 개요.

그것도 모르냐?

아들과 어머니가 도란도란 얘기를 나누고 있었다.
"얘야! 남들은 달에도 간다고 하는데, 우리도 뭔가를 해 보자. 우주선을 만들어 태양으로 가면 어떨까?"
"아니, 어머니 제정신이세요? 태양이 있는 곳으로 500마일 가까이까지 가면 모든 것이 다 타서 바삭바삭해져요."
"이런 바보야, 밤에 가면 되잖아."

눈에는 눈, 이에는 이

어느 부부가 부부싸움을 했다.
말하기가 싫은 남편이 아내에게 메모지를 건넸다.
'내일 아침 7시에 깨워 줘.'
아침에 일어나 보니 8시.
화가 난 남편이 아내를 노려보았다.
아내가 손짓하는 곳에 메모지가 놓여 있었다.
'여보, 7시예요. 일어나세요!'

무서운 협박

어느 날 시어머니가 납치를 당했다.
얼마 후 납치범들로부터 며느리에게 협박 편지가 왔다.
'빨리 몸값을 보내라. 시키는 대로 하지 않으면 즉시 시어머니를 돌려보내겠다!'

지명 수배

어느 유치원에 지명 수배 사진이 날아왔다.
선생님이 이걸 벽에 붙이고 있자, 그걸 본 아이가 선생님께 여쭈어보았다
"선생님, 이 사람 사진 찍을 때 왜 안 잡아갔대요?"

운명 교향곡

버스에서 한 여자가 갑자기 방귀를 뀌고 싶었다.
그러나 버스 안이라 꾹 참고 있었는데, 갑자기 베토벤의 '운명 교향곡'이 힘차게 울려 퍼졌다.
콰쾅쾅~! 여자는 이때다 싶어 음악 소리에 맞춰 마음 놓고 방귀를 뀌었다. 속이 후련했다. 그런데 주변 사람들이 모두 자기 쪽을 보고 웃고 있는 것이 아닌가.
여자는 불안했다. 자신의 작전이 완벽했다고 생각했기 때문이다. 그러나 그것은 착각이었다. 음악은 여자의 귀에 꽂은 이어폰에서 울려 나온 것이었다.

잘못 걸려온 전화

전화기를 잡기만 하면 한두 시간은 기본이던 아내가 30분 만에 전화를 끊었다.

놀란 남편이 물었다.

"웬일이야? 잡았다 하면 한두 시간이던 사람이?"

"응, 잘못 걸려온 전화야~."

안전 운전자

어떤 가족이 승용차를 몰고 고속도로를 달리는데 경찰이 차를 세웠다.

운전자가 경찰에게 물었다.

"제가 무슨 잘못이라도 했나요?"

경찰이 웃음을 띠며 말했다.

"아닙니다. 선생님께서 안전하게 운전을 하셔서 '이달의 안전 운전자'로 뽑히셨습니다. 축하합니다. 상금이 500만 원인데 어디에 쓰실 생각이십니까?"

"감사합니다. 우선 운전면허를 따는 데 쓰겠습니다."

그러자 옆자리의 여자가 황급히 말을 잘랐다.

"아, 신경 쓰지 마세요. 저희 남편이 술 마시면 농담을 잘해서요."

포크와 베이컨

베이컨 경은 지혜롭기도 하지만 법률가로서나 경험주의 철학자로서 그의 이름을 후세에 떨쳤다. 또 대단한 유머 감각을 소유한 사람이기도 했다.

어느 날 포크(돼지)라는 이름의 흉악범이 사형을 당하게 되자, 베이컨 경에게 목숨을 구해 달라고 간청했다.

'베이컨과 포크는 친척과 같은 처지가 아니냐.'는 것이 그 이유였다.

그러자 베이컨 경이 말했다.

"유감이지만 그대가 교수형에 처해지지 않으면 우리들은 친척이 될 수가 없다네. 즉 돼지는 죽어야 비로소 베이컨이 되는 것이니까."

등기 우편

어느 날 영구가 우체국에 등기 우편을 부치러 갔다.
담당 계원이 우편물의 무게를 달아 보았다.
"좀 무거운데요. 우표를 한 장 더 붙여야겠어요."
"우표를 한 장 더 붙이면 더 무거워질 텐데요!"

어라? 밑도 빠졌네!

바보 사나이가 항아리를 사려고 옹기점엘 갔다.
사나이는 항아리를 엎어놓고 파는 줄 모르고 이렇게 말했다.
"무슨 항아리들이 모두 주둥이가 없어? 어느 바보가 이렇게 만들었지?"
바보 사나이는 항아리 하나를 번쩍 들어 뒤집어 보고는 투덜거렸다.
"어라? 밑도 빠졌네……."

정말 간단명료한 간판.

곧 망활(望活) 칼국수.
한자 뜻은 정반대. ㅎㅎ

내동(동네 이름)에 있는
생고기집.
내 동생 고기?

돼지 껍데기 전문점.
앗, 뜨거워!
내 등들이 탄다!

자기야, 나 오늘 많이 먹어도 되지?

비달 사순의
한국 여동생?

비린내가 날까?

어느 영화관 안에서.
'예의 없는 것들'
입장하세요……?

사활을 건 선전.
담배, 담배, 담배……

파리 바게트의 토종,
빠리 바께스!

그날의 피로는
술로 푼다!

메뉴

식인종이 금강산에 놀러갔다.
점심시간에 식당에 가자, 웨이터가 다가와서 말했다.
"메뉴판 갖다 드릴까요?"
그러자 식인종이 대답했다.
"아뇨, 승객 명단 좀 봅시다."

누구의 엄마?

한 여학생이 밤늦게 집으로 돌아가고 있었다.
그런데 어떤 남자가 뒤를 계속 따라오는 것이었다.
두려움에 떨며 가던 여학생은 마침 앞에서 한 아주머니가 오는 것을 발견하고 큰 소리로 말했다.
"엄마! 나 늦었지?"
그러자 뒤에서 따라오던 남자가 하는 말.
"엄마, 애 누구야? 얘가 내 여동생이야?"

최신 수입 고기

식인종 나라에 여객기가 한 대 추락했다.
다음 날 식인종 나라의 정육점에 광고가 붙었다.
'최신 수입 고기 다량 입하.'

처녀 마누라

세 끼 밥보다 도박을 더 좋아하는 한 남자가 있었다.
 그러던 그가 전답은 물론이고 집까지 날리고 보니 남은 것은 오직 마누라뿐이었다.
 그날 밤에도 빈털터리가 되자, 애걸을 했다.
 "여보게, 내 마누라를 좀 사갈 수 없겠나? 비싼 값은 요구하지 않겠네. 부탁하네. 돈 좀 빌려 주게나."
 "그건 안 될 말이지."
 "자네가 결코 손해 볼 일은 아니야. 내 마누라는 진짜 처녀니까."
 "허허. 결혼한 지 일 년이 넘었는데, 처녀라니……."

"정말일세. 내가 장가든 이후 하루라도 이곳을 비운 일이 있나? 난 단 하룻밤도 집에서 잔 일이 없었네."

누룽지뿐

여자 식인종이 공중목욕탕에 들어가니, 여자들이 모두 바닥에 드러누워 쉬고 있었다.

그 모습을 보고 여자 식인종이 말했다.

"어휴, 신경질 나. 오늘은 죄다 누룽지뿐이네."

아전인수

어느 사업가가 처음 출근한 비서 아가씨를 불러 편지를 받아쓰게 했다.

여행 중인 부인에게 보낼 그 편지에 서명을 하려고 받아 든 그는 마지막 대목이 빠졌음을 발견했다.

그것은 '아이 러브 유.'였다.

"끝부분은 깜빡 잊은 건가요?"
"아뇨. 그건 저한테 하시는 말씀인 줄 알았는데요."

재 치

"저를 기억하시겠어요?"
한 여성 유권자가 국회의원에게 따지듯이 물었다.
"부인, 제가 부인 같은 미인을 기억하고 있다간 아무 일도 하지 못했을 것입니다."

정신병자

환자 하나가 '나는 하느님의 아들이다!'라며 떠들고 돌아다녔다.
그러자 옆에서 듣고 있던 동료 환자가 말했다.
"나는 너 같은 아들 둔 적 없다."

너무 비싸!

구두쇠로 소문난 찰스가 치과에 갔다.
그의 치아를 살펴보던 의사가 고개를 좌우로 흔들었다.
"어금니가 심하게 상해, 뽑아내야 할 것 같습니다."
찰스가 눈을 가늘게 뜨고 물었다.
"어금니 한 대 뽑는데 비용은 얼마나 듭니까?"
"한 대에 100마르크입니다."
"시간은 얼마나 걸립니까?"
"한 2분에서 3분 정도 걸립니다."
의사 말을 듣던 찰스가 의자에서 벌떡 일어났다.
그리고 강경한 어조로 항의했다.
"단 2, 3분밖에 소요되지 않는 치료에 100마르크는 너무 비싸지 않소? 좀 깎읍시다."
"하하하, 죄송합니다. 비용은 협정 가격이라 조금도 깎을 수가 없습니다. 대신 소요 시간은 얼마든지 늘려드릴 수 있습니다만……."

침대와 환자

정신과 전문의에게 한 환자가 찾아왔다.

"누군가 내 침대 밑에 들어와 있다는 생각이 들어, 무서워서 잠을 잘 수 없을 지경이에요."

"2년간 치료를 받아야 합니다. 치료비는 좀 비쌉니다."

그런데 환자는 그냥 다음에 오겠다며 귀가했다.

6개월 후, 우연히 환자와 의사가 길에서 마주쳤다.

"왜 치료를 받으러 오지 않으시죠?"

환자가 말했다.

"다 해결됐습니다."

"어떻게요?"

"침대 다리를 없애버렸거든요."

다이어트

혜진이는 날로 늘어나는 체중 때문에 고민이 많았다. 생각다 못해 다이어트 전문 의사를 찾아갔다.

"선생님, 좋은 방법을 가르쳐 주세요!"

"제가 시키는 대로 하면 반드시 날씬한 몸매를 유지할 수 있습니다."

"선생님, 어서 말씀해 주세요!"

"하루에 사과 두 개와 파인애플 반 개만 잡수세요."

"그런데 그걸 식전에 먹어요, 식후에 먹어요?"

난 봤다!

봉원이가 볼쇼이 발레를 구경하고 왔다.

다음 날 학교에 가서 친구들에게 자랑을 했다.

"너희들 볼쇼이 발레 구경해 봤어?"

"아니."

"나는 보고 왔다! 근데 볼쇼이 발레단은 정말 친절한 발레단이었어."

"뭐가 그렇게 친절했는데?"

"응, 옆에 계신 엄마 아빠가 깨실까 봐 발끝으로만 춤을 추더라니까!"

기대와 실제의 차이

시골에 홀로 계신 어머니를 아내와 함께 방문했다. 그리고 사가지고 간 초록색 투피스를 어머니께 드렸다.

기대 반응 : 아이고! 돈도 없을 텐데, 뭘 이런 걸!

실제 반응 : 남들 다 입은 거 이제야 사왔구나! 쯧쯧…….

우리 동네 절에 붙어 있는 안내문

'여러분~. 새해엔 모두 불자 되세요.'

엄청난 추리

영국의 명탐정 홈즈와 그의 친구 왓슨 박사가 캠핑을 가 텐트에서 함께 잠자리에 들었다.

그러다 둘 다 한밤중에 깼다.

홈즈 : 저 하늘을 보고 뭐가 보이는지 말해 주게.

왓슨 : 엄청나게 많은 별이 보이는데.

홈즈 : 그걸 보고 뭘 추론할 수 있지?

왓슨 : (왓슨은 항상 홈즈를 따라 하므로 그가 하는 방식대로) 음……. 천문학적으로는 수백만 개의 은하계와 수십억 개의 행성이 있다는 것을 말해 주는 것 같고, 점성술 면에서는 토성이 사자자리에 있고, 기상학적으로는 내일 날씨가 맑을 것 같고, 종교학적으로는 신의 전지전능한 힘이 보이고…… 그래. 그런데 홈즈, 자네의 추론은 뭐지? 별을 보고 무슨 생각이 드나?

홈즈 : (잠시 침묵을 지키다가) 이 멍청한 친구야, 누군가가 우리 텐트를 훔쳐 갔잖아!

빌게이츠 이야기 · 1

빌 게이츠가 중병에 걸려 병원에 갔다.
빌 게이츠를 진찰한 의사가 고개를 흔들며 말했다.
"심각한 바이러스가 당신의 몸에 침투해 있습니다. 현대

의학으로는 도저히 해결할 수 없는 신종 바이러스입니다."

빌 게이츠가 물었다.

"약물로 치료가 안 됩니까?"

"안 됩니다."

"수술로도 완치가 안 됩니까?"

"불가능합니다."

그러자 빌 게이츠가 최후의 해법을 제시했다.

"그럼 포맷해 주세요."

빌게이츠 이야기 · 2

빌 게이츠가 노환으로 임종을 맞게 됐다. 천사가 나타나 천당과 지옥의 모습을 보여주며 마음에 드는 곳을 고르라고 말했다.

그런데 모니터에 등장한 천당의 모습은 그다지 특별한 것이 없는 반면, 지옥은 참으로 아름답고 평화로워 보였다. 온갖 기화요초가 피어 있는 길가에서 반라의 미녀들이 하프를 연주하고 있었고, 강물에는 꿀이 흐르고 나무에는 돈다발이 주렁주렁 달려 있었다.

빌 게이츠는 주저 없이 지옥을 선택하겠노라고 말했다.

그러나 정작 지옥에 도착해 보니, 모니터에서 본 모습은 어디에서도 찾을 수 없었다. 사방이 불구덩이요, 폭염과 한파가 하루에도 열두 번씩 교차하는 가운데 사람들은 죄다 중노동에 시달리고 있는 것이었다.

실망한 빌 게이츠가 염라대왕에게 따졌다.

"어떻게 모니터의 모습과 실제가 이토록 다릅니까?"

그러자 염라대왕이 음산하게 웃으며 대답했다.

"그것은 데모버전이었느니라."

우아!
또는
애갸갸!

외계인 전용
화장실도
있네…….

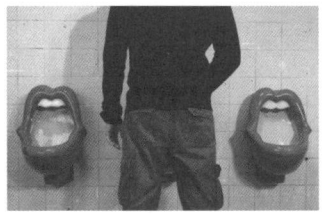

호주 시드니에 있던 남성 소변기.
(성 차별 논란 끝에 철거됨.)

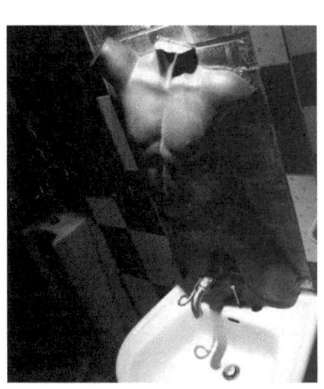

드라큘라 화장실

유전과 환경

대학 생물학 시간에 '유전과 환경이 인간에게 미치는 영향'이란 단원을 설명하던 교수가 말했다.

"좀 어려운 단원인데, 먼저 누가 '유전과 환경의 차이'에 대해 말해 볼래요?"

다들 시선을 내리깔고 있는데, 갑자기 한 여학생이 일어나더니 또랑또랑한 목소리로 대답했다.

"제가 결혼해서 아이를 낳을 경우, 그 애가 저를 닮는다면 유전, 옆집 남자를 닮는다면 환경 때문입니다."

20년 후

중학교 3학년 담임교사가 졸업 앨범비를 내라고 해도 아이들이 늑장을 부렸다. 이에 실망한 선생님이 아이들에게 한 말씀하셨다.

"20년이 지나고 나면 이 사진이 얼마나 귀한 물건이 되겠니. 생각들을 좀 해 봐. 이 앨범을 보고 이렇게들 이야기할

게 아니냐. 얘는 지금 변호사인 내 친구 길동이고, 얘는 국회의원인 내 친구 오정이고……."

그때 갑자기 뒤쪽에서 누군가가 한마디 했다.

"이분은 돌아가신 우리 선생님이고……."

버스 안에서…

하루 일과를 마치고 퇴근길에 버스를 탔다.

그런데 무슨 일인지 모르지만, 50쯤으로 보이는 버스 기사와 역시 그 또래쯤으로 보이는 승객 한 명이 욕을 섞어가며 말싸움을 했다.

그러던 중 승객이 버스 기사에게 대못 박는 한마디를 해버렸다.

"넌 평생 버스 기사나 해라. 새꺄!"

승객들은 '아! 버스 기사의 패배구나.' 하고 생각하고 버스 기사를 주시했다.

순간, 버스 기사가 말했다.

"넌 평생 버스나 타고 다녀라. 새꺄!"

초딩들 시험 답안지

'여러 가지 물건이 있으며, 물건을 싼 가격에 구매할 수 있는 소매점은 무엇입니까?'

⇨ 정답 : 슈퍼마켓
⇨ 2학년 아이 : 지하슈퍼(얘네 동네 슈퍼인가 보다.)
⇨ 그 밖의 답 : 기린 슈퍼, 한아름 슈퍼, 미성 슈퍼 등등.
⇨ 특이한 답 : 슈뼈

'장유유서(長幼有序)란 무슨 뜻일까요?'
⇨ 정답 : 연장자와 연소자 사이에는 지켜야 할 차례가 있다.
⇨ 5학년 아이 : 장군은 죽어서 유서를 남긴다.

재발견한 마누라

의처증에 걸린 남자가 아내의 동정을 살피기 위해 사설 탐정을 고용했다.

일주일 후 탐정이 비디오를 가지고 왔다.

그걸 보니 아내가 다른 남자와 만나고 있는 것이 아닌가!

두 사람이 공원에서 깔깔 웃으면서 좋아하는 모습이며, 어둠침침한 나이트클럽에서 춤추고 있는 모습이며…….

심란해진 남편이 말했다.

"이거 정말 믿을 수가 없군."

"뭘 믿을 수 없다는 겁니까?"

"우리 마누라가 저토록 재미난 여자일 수 있다는 게 믿어지지 않는단 말이오!"

드림론 패스 광고 패러디

고리에 복리로 빌려 드림.

못 갚을 땐 장기로 갚게 해 드림.

신체 포기 각서 쓰게 해 드림.

3-3-7 박수는 나처럼…

모두가 다 부러워하는 매력적인 여자와 결혼한 철수는 어느새 50대 중반이 되었다.

하지만 그에겐 말 못할 고민이 있었다. 지금까지 한 번도 부인이 밤일에 만족한 적이 없다는 것이었다.

고민을 거듭하던 철수는 큰맘 먹고 성 카운슬러를 찾아가 상담을 했다.

고민을 털어놓은 그에게 카운슬러가 말했다.

"부인과 잠자리를 할 때 람보처럼 떡대 좋은 젊은 남자를 곁에 두십시오. 그리고 그에게 3-3-7 박수를 크게 치게 하십시오. 그렇게 하면 분명 부인은 만족하실 겁니다."

철수는 부인과 잠자리를 할 때 옆에 젊은 남자를 둔다는 것이 꺼림칙하기는 했지만, 부인이 만족할 수 있다는 말을 듣고 일단 시도해 보기로 했다.

드디어 떡대 좋은 남자를 섭외해 침실 옆에 두고, 3-3-7 박수를 치게 하면서 거사를 치렀다.

하지만 부인은 여전히 별 반응이 없었다. 답답해진 철수는 옆에 있던 떡대와 역할을 바꿔 자신이 3-3-7 박수를

치고, 그 남자에게 부인과 잠자리를 하게 했다.

잠시 후, 부인은 흥분해서 허리를 활처럼 구부리더니 흐느끼기까지 하는 것이 아닌가.

일이 끝나자, 철수가 떡대에게 큰 소리로 말했다.

"그것 봐! 3-3-7 박수는 나처럼 쳐야지……."

황금만능주의

딸이 결혼하기로 했다는 얘기를 들은 아버지가 갑자기 생각났다는 듯이 물었다.

"그 사람…… 돈은 좀 있니?"

"아니. 그런데 남자들은 왜들 그렇게 똑같아?"

딸이 내뱉듯이 말했다.

"그게 무슨 소리냐?"

아버지가 물었다.

"있잖아요, 그 사람도 아버지에 관해 그 점을 궁금해 하더란 말이에요."

딸아이와 MT

엄마가 대학에 입학한 딸을 앞혀 두고 말했다.
"너 MT 가서 남자가 손을 잡으면 어떻게 해야지?"
"얼른 뿌리쳐야죠."
"그럼 네 몸을 더듬으면?"
"당연히 못하게 반항해야지."
"그래, 잘 알고 있구나. 그럼 키스를 하려고 하면?"
"소리를 지르고 반항할 거예요!"
"그럼 강제로 옷을 벗기려고 하면 어떡할 거야?"
"참 엄마는…… 반항에도 한계가 있지! 여자 힘으로 어떻게 더 이상 버티란 말이에요?"

저 축

짱구의 어머니가 쌍둥이를 분만하자 아버지는 좋아서 어쩔 줄 몰라 했다.
아버지가 만면에 미소를 띤 채 짱구를 구석진 데로 데리고 갔다.

"선생님께 얘기하면 틀림없이 하루 쉬라고 하실 거다."

그날 오후, 학교에서 돌아온 짱구가 말했다.

"나, 내일 학교에 안 가도 돼."

"너, 선생님께 쌍둥이 얘기했어?"

아버지가 물었다.

"아니, 난 여동생이 생겼다고만 했어. 또 하나는 뒀다가 다음 주에 써먹을 거야."

부전자전

아들이 날마다 학교도 빼먹고 놀러만 다니는 망나니짓을 하자, 아버지가 하루는 아들을 불러 놓고 무섭게 꾸짖으며 말했다.

"아브라함 링컨이 네 나이였을 때 뭘 했는지 아니?"

아들이 너무도 태연하게 대답했다.

"몰라요."

그러자 아버지가 훈계하듯 말했다.

"집에서 쉴 틈 없이 공부하고 연구했단다."

그러자 아들이 이렇게 대꾸했다.

"아, 그 사람 나도 알아요. 아버지 나이였을 땐 대통령이었잖아요?"

맞아도 싸다

엄마가 외출을 하려고 화장을 한 후 이것저것 입어보고 있었다.

곁에서 보고 있던 일곱 살짜리 아들 녀석이 속옷 차림의 엄마를 보며 말했다.

"캬~아! 죽이네. 울 엄마 정말 섹시하다. 그치?"

그 말을 들은 엄마가 머리를 쥐어박으며 말했다.

"이 녀석이! 쪼그만 녀석이 말투가 그게 뭐야?"

그때 가만히 보고 있던 아홉 살짜리 형이 동생에게 넌지시 말했다.

"거봐, 인마! 임자 있는 여자는 건드리지 말라고 내가 누차 얘기했잖아!"

개와 닭

부정 축재로 큰 부자가 된 집에서 개와 닭이 대화를 나누고 있었다.

개 : 닭아! 요즘 넌 아침이 되었는데도 울지 않니?

닭 : 자명종이 있는데, 내가 울 필요가 없잖아. 그런데 개 너는 왜 도둑이 들어와도 짖지 않니?

개 : 도둑이 집안에 있는데, 내가 짖을 필요 없잖아.

배째실라고그려

어느 날 바보의 집에 강도가 들었다.

강도 : 흐흐흐. 난 널 죽일 수도 있어. 하지만 내가 말하는 문제를 10초 안에 맞추면 목숨만은 살려 주지.

바보 : ······.

강도 : 삼국시대에 있었던 세 나라 이름이 뭘까?

바보 : ······.

강도가 10을 셌다. 그러나 바보는 문제의 답을 몰랐으니…….

강도 : 10! 9! 8! 7! ……!

강도가 10까지 세었지만 바보는 답을 말하지 못했다.

시간이 1초쯤 남았을 때, 강도가 칼을 뽑아들었는데…….

바보 : 헉! 배째실라고그려?

강도 : 엥?!

바보는 살았다. 왜?

강도는 바보가 한 말을 백제, 신라, 고구려로 알아들었다.

한자 실력

삼형제가 달력을 보고 있었는데, 막내가 달력에 쓰인 한자를 다 읽을 수 있다는 듯이 큰 소리로 읽었다.

"월, 화, 수, 목, 김(金), 토, 일."

그러자 둘째가 막내의 뒤통수를 때리며 말했다.

"바보야, 그건 김이 아니라 금이야. 월, 화, 수, 목, 금, 사(土), 일이야."

이번에는 첫째가 둘째의 머리를 쥐어박으며 말했다.

"멍청아, 그건 사가 아니라 토야. 월, 화, 수, 목, 금, 토, 왈(曰)."

이 광경을 지켜보던 아버지가 혀를 끌끌 차며 말했다.

"너희는 한문 실력이 왜 그 모양이냐? 당장 가서 왕(玉) 편 가져오너라."

상식 밖의 상식

★ "제발 좀 부지런해져라. 일찍 일어나는 새가 일찍 먹이를 찾는 법이야." ☞ "하지만 일찍 일어나는 벌레는 일찍 잡혀 먹히잖아요?"

★ "가장 높이 나는 새가 가장 멀리 본단다." ☞ "하지만 가장 낮게 나는 새가 가장 자세히 보잖아요?"

★ "구르는 돌에는 이끼가 끼지 않는 법이란다." ☞ "그 대신 먼지가 끼잖아요?"

'진격의 거인' 눈사람.

물구나무 선 눈사람.

19금!

역기 하는 눈사람.

나는야 노숙자.

어이쿠!
길이 너무 미끄럽네.

옥상에서 추락했네……

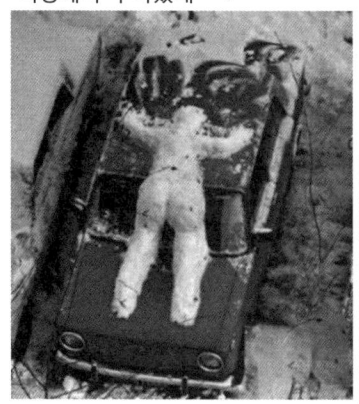

눈사람의 자살 시도.

이제 봄이 오면
나는 곧 죽을 거예요……

황당한 소설 제목

어느 대학교 국문학과 교수가 학생들에게 소설 제목을 정해 오라는 과제를 냈다. 단 '귀족적인 요소'와 '성적인 요소'가 들어 있어야 한다는 조건을 달았다.

며칠 후 교수는 한 학생이 제출한 제목을 보고 기절을 했다.

'공주님이 임신했다'

하도 기가 막혀서, 다시 SF적인 요소를 첨가하도록 숙제를 내주었다.

며칠 후 그 학생이 제출한 제목은…….

'별나라 공주님이 임신했다'

이에 열 받은 교수가 다시 미스터리 요소를 첨가하도록 했다.

그 학생은 이번에는 이렇게 적어냈다.

'별나라 공주님이 임신했다. 누구의 아이일까?'

이제 더 이상 참을 수 없다고 생각한 교수는 비장한 각오로 마지막 수단을 썼다. 그건 다름 아닌 종교적 요소까지 첨가시켜 오라는 것이었다.

교수는 승리의 미소를 지었으나, 며칠 후 그 학생이 제출한 제목을 보고 쓰러져버렸다.

'별나라 공주님이 임신했다. Oh My God! 누구의 아이일까?'

고해성사

유럽의 한 마을에 인망 높으신 신부님이 계셨다.

어느 날 신부님이 신자들의 고해성사를 받고 계셨는데, '간통을 했습니다, 불륜을 저질렀습니다.' 등의 내용이 주를 이뤘다.

불륜이니 간통이니 하는 소리가 듣기 싫은 신부님이 신자들에게 말했다.

"앞으로 고해성사를 볼 때는 불륜이나 간통이라는 말을 사용하지 말고 '넘어졌다.'라고 말씀하십시오."

얼마 뒤 그 신부님이 이임하시고 새로운 신부님이 오셨다.

새로 오신 신부님께서는 고해성사를 받는 동안 '넘어졌다.'고 하는 신자들의 고백이 줄을 잇자, 걱정도 되고 문제를 해결하고 싶어서 시장을 찾아갔다.

"시장님, 아무래도 길과 계단이 너무 미끄러운 것 같습니다. 넘어지는 사람이 너무나 많습니다."

신부님의 말에 그 사정을 알고 있는 시장이 웃음을 지었다. 그러자 신부님이 걱정스런 표정으로 시장에게 말했다.

"웃을 일이 아니란 말입니다. 시장님의 사모님께서도 이미 세 번이나 넘어지셨다고 했어요."

자랑하고 싶어서…

83세의 노인이 고해실로 들어갔다.

신부는 성호를 그으며 축복해 준 다음 그의 죄를 고하라고 했다.

"53년을 함께 해온 아내가 한 달 전에 죽었어요. 장례를 마치고 돌아오는 길에 스물두 살 된 처녀와 만나서 잠자리를 같이했지 뭡니까."

"지금 연세가 어떻게 되시죠?"

"여든셋요."

"속죄하는 뜻에서 성모송과 주기도문을 각각 열 번씩 외우세요."

"그걸 알아야 하죠. 난 예수 믿는 사람이 아닌 걸요."

"예수를 믿지도 않으면서 무엇 때문에 여기 와서 그런 이야기를 하시는 거죠?"

"난 어찌나 자랑스러운지 모두에게 알리고 싶단 말입니다."

의심쩍은 선심

프랑스로 여행 갔던 주부가 황급히 돌아왔다.

이웃 사람 하나가 그녀를 보고 한마디 했다.

"벌써 오셨네요! 해외로 나가면 돈이 많이 들지요?"

"그래서 돌아온 게 아니에요. 남편이 내가 얘기한 것보다도 훨씬 많은 돈을 보내줬지 뭡니까. 그래서 이상한 생각이 들기 시작해서……."

연설 준비

저명한 연사가 여러 나라를 돌며 강연을 했다.

그날도 청중의 마음을 사로잡는 연설을 끝내자, 그 지역의 유지가 명연사를 만나려고 무대 뒤로 찾아왔다.

"강의가 무척 호소력 있습니다. 그런데 연단에 나서기 전에 마지막으로 하는 일이 무엇인가요? 셰익스피어 작품의 마음에 드는 대목을 읽나요, 아니면 셸리의 시에서 감동적인 것들을 머리에 떠올리나요?"

"아닙니다. 그런 일 없습니다. 바지의 지퍼가 잠겨 있는지를 확인하기 위해 거기를 만져 본답니다."

유 언

목사님이 환자의 임종을 지켜보려고 병원에 왔다.

가족들은 모두 나가고 목사님과 환자만 남았다.

"마지막으로 하실 말씀은 없습니까?"

목사가 묻자 환자가 괴로운 표정으로 힘을 다해 손을

허우적거렸다.

목사는 "말하기가 힘들다면 글로 써 보세요."라며 종이와 연필을 주었다.

환자는 버둥거리며 힘들게 몇 자 적다가 숨을 거두고 말았다.

목사는 종이를 가지고 병실 밖으로 나와 슬퍼하는 가족들을 향해 이렇게 말했다.

"우리의 의로운 형제는 주님 곁으로 편히 가셨습니다. 이제 고인의 유언을 제가 읽어 드리겠습니다."

그리고는 종이를 펴들고서 큰 소리로 읽기 시작했다.

"발 치워. 너, 호흡기 줄 밟았어."

바람난 아내

"간밤에 남편하고 대판 싸웠어." 하고 한 여자가 사무실 동료에게 실토했다.

"무슨 일로?" 하고 동료 직원이 물었다.

"남편이 뭔가를 찾느라고 여기저기 뒤지다가 내 피임약

을 발견했지 뭐야."

여자가 한숨을 쉬며 대답했다.

"그 사람, 아기를 갖자고 그러는 거야?"

"아냐."

"그럼 왜 싸운 거야?"

"그 사람…… 2년 전에 정관수술을 받았단 말이야."

쇼 핑

한 아가씨가 이태원에 쇼핑하러 갔다.

한참을 돌아다니다가 마음에 드는 물건을 발견했는데 가격이 만만치가 않았다.

아가씨는 주인을 향해 생글생글 웃으며 말했다.

"아저씨, 저 분당에서 왔는데요…… 차비 정도는 빼 주실 거죠?"

그러자 주인이 히죽히죽 웃으면서 대답했다.

"아가씨, 여긴 미국에서 온 사람들도 많다구."

40대 주부

부인 1 : 매일 어딜 그렇게 다니세요?

부인 2 : 저요? 남편이 반찬이 맛없다는 얘기를 자주 해서 학원엘 좀 다녀요.

부인 1 : 아~ 요리학원에요?

부인 2 : 아뇨, 유도 학원에요. 불평하면 던져버리려고요.

부부 말(馬)

금실 좋은 말 부부가 있었다. 그런데 어느 날 암말이 죽자, 수말이 탄식했다.

"아! 이제는 할 말이 없네."

그 수말은 얼마 후에 새장가를 들었다.

그런데 이번에는 수말이 죽었다. 그러자 그의 새 아내인 암말이 한숨을 쉬며 중얼거렸다.

"아! 이젠 해 줄 말이 없네."

생각대로, 느낀 대로

한 총각이 고상한 아가씨와 맞선을 봤다.
돈가스를 같이 먹다가 총각이 음악에 귀를 기울이며 물었다.
"이 곡이 무슨 곡인지 아십니까?"
그러자 우아하게 돈가스를 썰던 아가씨가 말했다.
"돼지고기요?!"

천생연분

노총각과 노처녀가 어느 날 선을 보게 되었다.
말수가 적은 두 사람은 멀뚱멀뚱 앉아서 커피를 시켰다.
남자가 먼저 입을 열었다.
"제 이름은 '철'입니다. 철이요……. 성은 '전'이구요. 전철이 제 이름입니다."
남자는 자못 심각한 목소리로 말했다. 그런데 갑자기 여자가 박장대소를 하며 뒤집어지는 게 아닌가.

남자가 민망해 하며 물었다.

"아니, 뭐가 그리 우스우시죠?"

그러자 여자가 대답했다.

"사실, 제 이름은 이호선이거든요."

변기통과 낚시터

피닉스 병원에서 치료를 받고 있는 톰이 변기통에서 신나게 낚시를 하고 있었다.

의사 제프가 와서 말했다.

"고기 잘 잡혀요?"

"당신 미쳤어? 변기통에 어떻게 물고기가 살아?"

그러자 제프는 드디어 톰이 정신을 되찾았구나 하고 기뻐했다.

톰은 제프가 돌아가는 것을 보며 주위를 둘러보더니 이렇게 말했다.

"휴~. 좋은 낚시터를 빼앗기는 줄 알았네."

착하다. 우리 아기…….

뭐 하니?

애교의 절정.

흠, 오늘 TV 프로는…….

아이구, 깜짝이야!

우리 어디 가서 진지한 대화 좀 나눌까?

이거 먹어도 돼요?

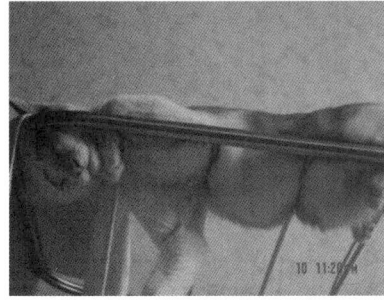

잠자기 신공(神功).

체인점

거지가 양손에 모자를 든 채 구걸을 하고 있었다. 한 행인이 모자에 동전을 넣으며 거지에게 물었다.

행인 : 왜 모자를 두 개나 들고 있는 거죠?
거지 : 장사가 잘돼서 체인점을 하나 더 냈습니다.
행인 : ……!

재치 있는 복수

재치 있는 남자가 새벽 4시에 울리는 전화벨 소리에 잠이 깼다.

"당신네 개가 밤새도록 짖어서 한잠도 못 잤소."

재치 있는 남자는 전화해 줘서 고맙다고 인사한 후, 전화 건 사람의 전화번호를 물었다.

다음 날 새벽 4시에 재치 있는 남자는 이웃사람에게 전화를 걸었다.

"선생님, 저희 집에는 개가 없습니다."

화장실의 비밀

어느 날 동근이가 등굣길에 배가 아파서 가까운 지하철 화장실로 급하게 뛰어 들어갔다.

그런데 화장실에 들어서자, 세 칸 중에서 두 번째와 세 번째 칸에는 사람들이 줄을 서 있는데 첫 번째 칸에만 아무도 서 있지 않은 것이었다.

동근이는 첫 번째 칸이 엄청나게 더러운가 보다고 생각하며 두 번째 칸 맨 뒤에 섰다.

하지만 한참을 그렇게 서 있다가 더는 참을 수가 없어서 첫 번째 화장실로 들어갔다. 그런데 의외로 깨끗했다.

서둘러서 일을 보려는데 옆벽에 적힌 낙서가 눈에 들어왔다.

'누나가 어쩌구~ 저쩌구~. 친구가 낮잠을 자는데 어쩌구~ 저쩌구~.'

여하튼 야한 내용이었는데 무척 흥미진진했다.

그런데 아주 결정적인 순간에 내용이 딱 끊겨 있었다. 그리고는 제일 마지막 줄에 이렇게 쓰여 있었다.

'다음 칸에 계속.'

과학적인 발견

 독일 과학자들은 땅속으로 50미터를 파고들어가다 작은 구리 조각을 발견했다.

 이 구리 조각을 오랜 시간 동안 연구한 끝에, 독일은 고대 독일인들이 25,000년 전에 전국적인 전화망을 가지고 있었다고 발표했다.

 그러자 영국 정부가 발끈하여, 자국의 과학자들에게 그보다 더 깊이 파 보라고 종용했다.

 영국 과학자들이 100미터 깊이에서 조그만 유리 조각을 발견하자, 영국 정부는 '고대 영국인들은 35,000년 전에 이미 전국적인 광통신망을 가지고 있었다.'고 발표했다.

 이에 아일랜드의 과학자들이 격노하여, 200미터 깊이까지 땅을 파고들어 갔다. 그러나 아무것도 발견하지 못했다.

 그러자 그들은 고대 아일랜드 인들이 55,000년 전에 휴대전화를 가지고 있었다고 결론을 내렸다.

법정에서

판사 : 당신이 총 쏘는 것을 직접 보았는가?
증인 : 총소리를 들었을 뿐입니다.
판사 : 그럼 그것은 증거로 받아들일 수가 없소.
(그런데 증인이 증언대를 떠나면서 판사에게서 등을 돌린 채 큰 소리로 웃었다. 그러자 판사가 화를 냈다.)
증인 : 판사님은 제가 웃는 것을 보았습니까?
판사 : 웃는 소리만 들었지.
증인 : 그럼 그것도 증거로 받아들일 수 없는 것 아닌가요?

주정꾼과 과객

술에 취한 두 사람이 함께 길을 걷고 있었다.
한 주정꾼이 말했다.
"멋진 밤이야. 저 달 좀 봐!"
또 다른 주정꾼이 술 취한 친구를 쳐다보며 말했다.

"네가 틀렸어. 저건 달이 아니고, 해야."

두 주정꾼이 말다툼을 벌이다가, 마침 길가는 사람이 있어서 그에게 물어보았다.

"저기 하늘에 떠 있는 것이 달입니까? 해입니까?"

그러자 길가는 사람이 말했다.

"미안합니다. 제가 이 동네에 살고 있지 않아서……."

갱상도 할매

경상도 할머니 한 분이 독립기념관에 나들이를 갔다.

한참을 돌아다니느라 피곤하신 할머니가 의자에 앉아 쉬는데, 경비원이 다가와서 말했다.

"할머니! 이 의자는 김구 선생님이 앉던 자리입니다. 앉으시면 안 돼요."

그래도 할머니가 태연히 앉아 있자, 경비원은 다시 한 번 김구 선생의 의자이니 비켜달라고 부탁했다.

이때 화가 난 할머니가 말했다.

"이 양반아! 주인 오면 비켜주면 될 거 아이가!"

걸린 사람만 억울해

한 신사가 70마일로 차를 몰다 경찰관에게 걸렸다.

그 신사는 자기보다 더 속도를 내며 지나가는 다른 차들을 보자, 자기만 적발된 것이 너무 억울하게 여겨졌다.

그래서 몹시 못마땅해 하며 경찰관에게 대들었다.

"다른 차들도 다 속도위반인데 왜 나만 잡아요?"

그러자 경찰관이 물었다.

"당신 낚시 해 봤수?"

"낚시요? 물론이죠."

그러자 경찰관이 태연한 얼굴로 말했다.

"그럼 댁은 낚시터에 있는 물고기를 몽땅 잡수?"

남편이 불쌍할 때

남편을 독살한 피의자를 검사가 심문하고 있었다.

검사 : 남편이 독이 든 커피를 마실 때 양심의 가책을 조금도 못 느꼈나요?

피의자 : 조금 불쌍하다고 생각한 적도 있었죠.

검사 : 그때가 언제였죠?

피의자 : 커피가 맛있다며 한 잔 더 달라고 할 때요.

모범수의 소원

교도소에서 세 명의 모범수가 기도를 했다.

한 명은 여자를 달라고 했고, 또 한 명은 술을 달라고 했다. 마지막 한 명은 담배를 달라고 했다.

하느님은 이들의 소원을 모두 들어주었다.

그리고 3년 후. 여자를 달라고 한 모범수는 정력이 딸려 죽었고, 술을 달라고 한 모범수는 알코올 중독이 되어 간이 부어 죽었다. 하지만 담배를 달라고 한 사람은 여전히 살아 있었다.

하느님이 어떻게 살아 있느냐고 물었다.

그러자 그 모범수가 말했다.

"라이터도 줘야 담배를 피우죠, 잉~."

장인과 예비 사위

어느 부잣집 처녀가 가난한 애인을 부모님께 인사시키기 위해 집으로 데려왔다.

처녀의 아버지가 청년에게 이것저것 물었다.

"장래 계획은 뭔가?"

"네, 저는 성경학자가 되려고 합니다."

"좋군. 하지만 내 딸을 고생시키면 곤란하네."

"하느님이 도와주실 것입니다."

"그렇지만 당장 결혼반지 마련할 돈은 있어야 하지 않겠나?"

"하느님이 도와주실 것입니다."

"음…… 아이들은 어떻게 키울 셈인가?"

"그것도 하느님이 도와주실 것입니다."

청년이 가고 난 뒤, 처녀의 어머니가 남편에게 물었다.

"그 청년, 어떤 것 같아요?"

그러자 남편이 어두운 표정으로 말했다.

"직업도 없고 계획도 없어. 한 가지 확실한 사실은 그놈이 나를 하느님으로 생각한다는 거야."

안개 낀 날의 항해 일지

안개가 심하게 낀 밤이었다. 조심스럽게 항해하던 선장이 앞쪽에서 이상한 불빛이 비치는 것을 감지했다.

선장은 충돌을 예상하고 신호를 보냈다.

"방향을 20도 바꾸시오!"

그러자 그쪽에서 신호가 왔다.

"당신들이 바꾸시오!"

기분이 상한 선장이 이렇게 신호를 보냈다.

"난 이 배의 선장이다!"

잠시 후 그쪽에서도 당당하게 신호가 왔다.

"난 이등 항해사다!"

이에 화가 난 선장이 강경한 태도를 보였다.

"이 배는 전투함이다. 당장 항로를 바꿔라!"

그러자 그쪽에서 바로 신호가 왔다.

"여긴 등-대-다!"

버스 탄 최불암

최불암이 버스를 탔다.
종로에 오자 운전사가 이렇게 외쳤다.
"이가입니다. 이가 내리세요!"
그러자 몇 사람이 우르르 내렸다.
잠시 후 운전사가 또 소리쳤다.
"오가입니다. 오가 내리세요!"
또 몇 명이 내렸다.
안절부절못하던 최불암이 드디어 운전사에게 달려갔다.
"왜 이가하고 오가만 내리게 하는 거여? 최가는 언제 내리는 거여?"

친절한 정치인

정치인이 리무진을 타고 가다가 한 남자가 풀을 먹고 있는 것을 봤다.

그는 운전사에게 차를 세우게 한 다음 그에게 물었다.

"왜 풀을 드시죠?"

남자가 대답했다.

"제가 너무 가난해서 음식을 살 돈이 없어서요."

그러자 정치인이 말했다.

"불쌍한 양반, 우리 집으로 가시죠."

차에 올라탄 뒤 가난한 남자가 말했다.

"저를 선생님 댁으로 데려가 주신다니 감사합니다. 정말 친절하시네요."

그러자 정치인이 답했다.

"우리 집 잔디가 30㎝ 정도로 자랐거든요."

초등학생들의
엽기 답안지.

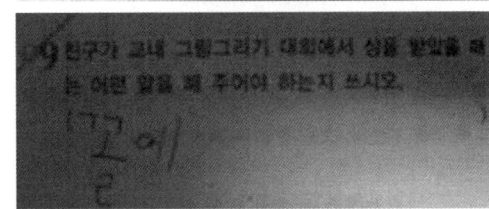

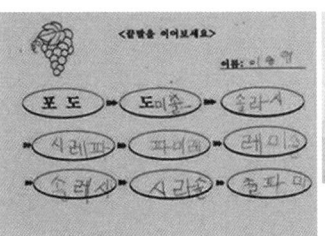

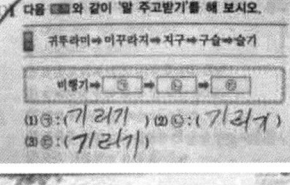

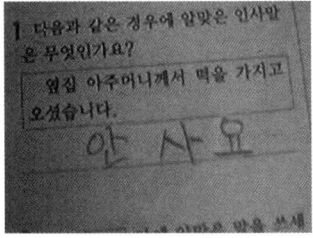

*글짓기

'엄마아빠'로 사행시를 지으시오!

엄	엄마는
마	마덜!
아	아빠는
빠	빠덜!

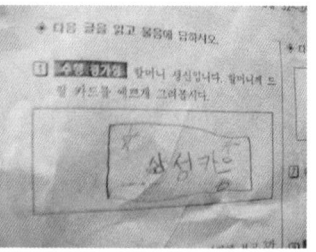

*국어문제

"불행한 일이 거듭 겹침"이란 뜻의 사자성어는?

| 설 | 사 | 가 | 또 |

1학년

1. 바른생활 — 학교에서 지킬 일 (7~17쪽)

[1] 교실에서도, 복도에서도, 운동장에서도 모두가 편안하고 즐겁게 지내려면 무엇을 잘 지켜야 할까요?
(능력)

[2] 계단을 오르내릴 때에는 어떻게 해야 하나요?
(대신 에스컬레이터를 이용한다)

5. 엄마의 물음에 대한 답을 찾아 빈 칸에 써 보세요.
엄마: "이 병아리 어디서 키울까?"
나: "밖에서요."

6. 여러분이 병아리의 이름을 지어 보세요.
↪ 이오리

7. 꿈 속에서 만나 보고 싶은 사람과 그 사람과 하고 싶은 일을 상상하여 쓰시오.
(1) 만나 보고 싶은 사람: 현지형 누나
(2) 하고 싶은 일:

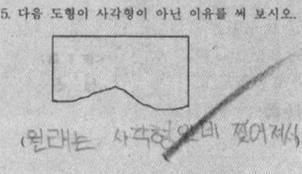

*슬기로운 생활

옆집 아주머니께서 사과를 주셨습니다 뭐라고 인사해야 할까요?

| 뭐 이런걸 다 |

5. 다음 도형이 사각형이 아닌 이유를 써 보시오.

(원래는 사각형인데 찢어져서)

샌드위치를 만들 때, 식빵 한 면에 버터를 바르는 이유는 무엇인지 쓰시오.
5) 두면에 바르면 너무 느끼해서

② 일기는 매일매일 써야 한다.
③ 아침 신문에서 비가 온다는 일기를 읽었다.
④ 9시 뉴스에서 내일의 일기를 보도했다.

[심화학습] 여러분이 엄마를 도와드렸을 때 엄마가 어떻게 하셨는지 말해 보고 적어 보세요.
↪ 난 내가 들어가서 노는게 도와주는거야!

[2] 약속을 여러 번 지키지 않으면 친구들이 어떻게 생각할까요?
(쟤 약속을 여러번어긴다)

[3] 약속한 시간과 장소를 잊지 않기 위해서는 어떻게 하는 것이 좋습니까?
(기억해둔다)

[4] 약속한 곳에 가져가야 할 물건이 있을 때에는 어떻게 해야 할까요?
(깜박잊고 안가져간다고 한다)

한글미 문장에서 빠진 말을 찾아 쓰세요.

빵을
물을

호랑이가 걸음을 마십니다.

(2학년)
바른생활
1. 소중한 약속   (9~17쪽)

[1] 다음 그림은 어떤 약속을 나타낸 것인지 써 봅시다.

(최면을 걸고 있다.)

과학
만유 인력의 법칙을 발견해 낸 사람은?

죽었다.

화장실을 이용할 때에 화장실 문을 열기 전에 해야 하는 것은 무엇인지 쓰시오.
(자꾸를 내린다)

[4] 무엇이든 거꾸로 말하는 거꾸리는 더운 여름에도 발을 흘리며 춥다고 말합니다. 무엇이든 궁금해하며 물어보는 궁금이는 어린 거꾸리를 보고 어떤 말을 할는지 쓰시오.

줄

예리한 관찰력

의과대학 신입생들의 첫 시체 해부 강의 시간이 되었다. 교수님은 우선 기본부터 가르치기로 했다.

"시체 해부를 위해선 두 가지 조건이 필요하다. 첫째, 두려워하지 말아야 한다."

이렇게 말하면서 교수는 손가락을 시체의 항문에 찔러 넣은 다음, 손가락을 입에 넣어 쪽쪽 빠는 것이었다.

그리고는 학생들에게 그렇게 해 보라고 했다.

학생들은 1, 2분 동안 아무 소리도 못하더니 하나 둘씩 따라 하기 시작했다.

"둘째로 필요한 건 예리한 관찰력이다. 내가 항문에 집어넣은 건 가운데손가락이지만, 입으로 빤 건 집게손가락이다."

오래 살고 싶은 이유가 뭐죠?

어느 날 병에 걸린 한 환자가 의사를 찾아와서는 아주 심각한 표정으로 상담을 했다.

환자 : 선생님! 저는 언제까지 살 수 있을까요?

의사 : 오래 살고 싶으시죠?

환자 : (침울한 목소리로) 네에.

의사 : 음, 그럼 담배와 술은 얼마나 하시나요?

환자 : 아뇨, 전혀 안 해요!

의사 : 허, 그래요? 그럼 운전은?

환자 : 안 해요! 전 위험한 일은 절대 안 해요!

의사 : 그렇다면 도박이나 여자들은?

환자 : 웬걸요? 전혀 관심 없어요!

그러자 의사가 이내 정색을 하며 환자에게 말했다.

의사 : 아니, 그러면 그렇게 오래 살려고 발버둥치는 이유가 도대체 뭡니까?

모범 남성

한 여성단체에서 '미스터 모범 남성'을 선정하기 위해 추천을 받기로 했다.

수만 통의 추천서가 접수되었는데, 그중에서 확연히 눈에 띄는 내용의 편지 한 장이 있었다.

그것은 자신이 스스로를 추천한 것이었는데, 그 내용은 다음과 같았다.

'저는 술이나 담배를 전혀 하지 않습니다. 여성을 구타하는 일이 전혀 없으며, 일요일에는 빠짐없이 예배를 봅니다. 이런 모범적인 생활을 벌써 7년째 계속해 오고 있습니다.'

여성단체에서는 이 편지의 내용이 사실이라면, 이 남자야말로 가장 유력한 후보자라고 결론을 내렸다.

그리고는 사실 여부를 확인하기 위하여 편지에 적힌 연락처로 전화를 했다.

"여보세요~."

"네, 안양 교도소입니다."

훌륭한 남편

어느 날, 한 여성이 시퍼렇게 멍든 눈으로 이혼 담당 변호사를 찾아와서 하소연했다.

"남편이 이렇게 했는데 어떻게 해야 하죠?"

여러 이야기가 오가다가 변호사가 물었다.

"맞기 전에 어떤 말을 했지요?"

그러자 그녀는 남편이 너무 미워서 자기도 참지 못했다며, 이렇게 말했다는 것이었다.

"그래 잘났어. 그래도 사내라고~. 당신이 해 준 게 뭐가 있어? 때려 봐! 아예 죽여라! 그래도 자존심은 있어서……."

그 얘기를 듣고 난 변호사가 한마디 했다.

"그래도 남편이 훌륭한 데가 있네요. 죽이라고 했는데 때리기만 했으니까요."

처방전

약국에 온 여자가 독약인 비소를 달라고 했다.
"비소를 무엇에 쓰실 건데요?"
약사가 물었다.
"남편인 그 문디 자슥을 죽이려고요."
여자가 대답했다.
"그런 목적에 쓰실 거라면 팔 수 없습니다."
여자는 핸드백에서 사진 한 장을 꺼냈는데, 그녀의 남편과 약사의 아내가 간통하고 있는 장면을 촬영한 것이었다.
사진을 찬찬히 들여다본 약사가 말했다.
"손님……, 처방전을 가지고 온 줄 미처 몰랐네요."

엽기 약사

손님 : 어떡해요? 우리 애 목에 뭐가 걸렸어요.
약사 : 한번 봅시다.
손님 : 뭐가 걸렸나요?

약사 : 동전입니다.
손님 : 어떻게 하죠?
약사 : 글쎄 말입니다.
손님 : 진짜 위급한 상황이라구요.
약사 : (혼잣말로) 조그만 게 벌써 돈맛을 알아가지고.

집안 망신

사우디아라비아의 왕자가 독일로 유학을 떠났다.

한 달 후, 왕자는 아버지에게 편지를 보냈다.

'베를린은 참 좋아요. 사람들도 친절해서 이곳이 정말 마음에 듭니다. 그런데 매일 제가 금장 벤츠를 타고 등교하는 게 조금 부끄럽네요. 여기선 학생들 모두가 기차를 타고 다니거든요.'

얼마 뒤, 왕자는 아버지로부터 답장을 받았는데 그 안에는 1억 달러 수표가 동봉되어 있었다.

'집안 망신이구나. 너도 기차를 한 대 사거라!'

엽기 아이

어느 임신한 아줌마에게 한 아이가 물었다.
아이 : 아줌마, 뭘 드셨기에 배가 그렇게 커요?
아줌마 : 이 배엔 우리 아이가 들어 있어서 그렇단다.
아이 : 어휴! 어쩌다 애를 삼켰대요?

구두쇠 가족

어느 지독한 구두쇠 가족이 간장만 놓고 밥을 먹었는데, 하루는 막내가 볼멘소리를 했다.
"아버지!"
"왜 그러느냐?"
"형은 오늘, 간장을 두 번이나 찍어 먹었어요."
"놔둬라~! 오늘은 형 생일이잖니!"

잘해도 손해

사람이 개와 달리기 시합을 했다.
- 사람이 이기면? : 개보다 더한 놈.
- 사람이 지면? : 개보다 못한 놈.
- 비기면? : 개 같은 놈.

도대체 이런 일이 왜 일어났을까?

라면과 참기름이 싸웠다.
얼마 후 라면이 경찰서에 잡혀갔다.
왜 잡혀갔을까?
참기름이 고소해서.

이윽고 참기름도 잡혀갔다.
왜 끌려갔을까?
라면이 다 불어서.

구경하던 김밥도 잡혀갔다.
왜?
말려들어서.

소식을 들은 아이스크림이 경찰서로 면회를 가다가 교통사고를 당했다.
왜?
차가 와서.

이 소식을 듣고 스프가 졸도했다.
왜?
국물이 졸아서.

덩달아 계란도 잡혀갔다.
왜?
후라이 쳐서.

재수 없게 꽈배기도 걸려들었다.
왜?

일이 꼬여서.

아무 상관없는 식초도 모든 일을 망치고 말았다.
왜?
초 쳐서.

그런데 이 모든 일은 소금 때문에 일어났다고 했다.
왜?
모든 일은 소금이 짠 거니까.

양치기 소년의 비애

양치기 소년은 몇 번이나 "늑대다!"라고 외쳤다가 동네 사람들로부터 못 믿을 녀석이라는 낙인이 찍혔고, 한 번만 더 그랬다가는 동네에서 쫓겨날 위기에 처했다.

양치기 소년은 절대로 그러지 않겠다고 다짐했다.

그러던 어느 날 동네 하늘 위로 비행기 4대가 날아가는 것을 보게 되었다.

양치기 소년이 이를 보고 한마디 외쳤는데, 동네 사람들이 몰려와 소년을 두들겨 팼다.

소년이 외친 한마디는……?

"와! 넉 대다!"

같이 가, 처녀

할머니가 집에 가려고 골목길을 막 들어서는데, 뒤에서 무슨 소리가 들려왔다.

"같이 가, 처녀!"

할머니는 모른 척했는데 그 목소리가 계속 따라오면서 잇달아 부르는 것이었다.

"같이 가, 처녀!"

얼굴이 빨개진 할머니가 걸음을 멈추더니, 목소리가 점점 가까워지자 배시시 웃으며 뒤를 돌아보았다.

그랬더니 어떤 아저씨가 갈치를 내밀며 이렇게 말했다.

"할머니! 얼마치 드릴까요? 갈치가 천 원이에요."

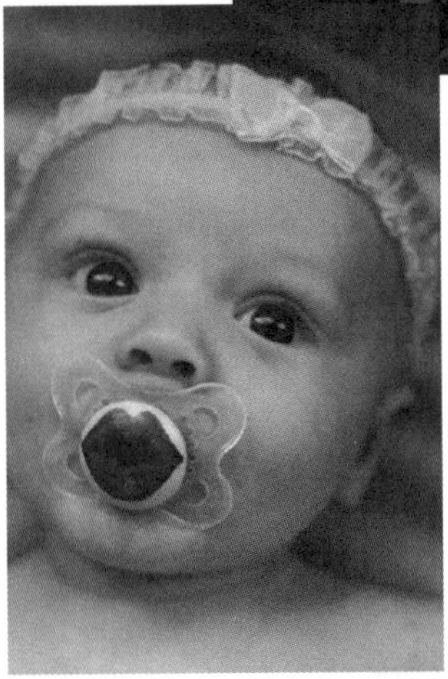

기발한
노리개젖꼭지들.
(일명 공갈젖꼭지)

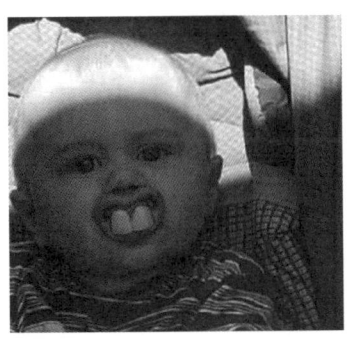
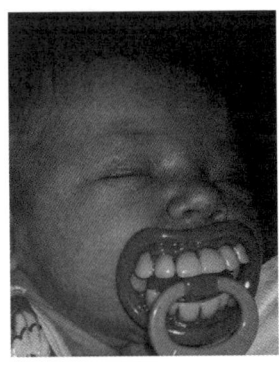

할머니의 삼행시

할머니들이 경로당에서 삼행시 짓기 놀이를 했다.

한 할머니는 그중 '원두막'이라는 삼행시가 너무 재미있어서 손자에게 얘기해 주려고 막 외우면서 집으로 갔다.

원 : 원숭이 엉덩이는 빨개.
두 : 두 짝 다 빨개.
막 : 막 빨개.

집에 도착한 할머니가 손자에게 운을 띄우라고 말했는데, '원두막'을 '원숭이'로 잘못 기억했다.

원 : 원숭이 엉덩이는 빨개.
숭 : 숭하게 빨개.
이 : 이게 아닌데…….

호기심

 어느 날, 아주 호기심 많은 아이가 엄마와 아빠가 다투는 것을 보았다.

 그런데 아빠가 엄마에게 '미친년'이라고 했다.

 그래서 아이가 물었다.

 "미친년이 뭐예요?"

 그러자 아빠가 "여자란 뜻이란다."라고 대답했다.

 그런데 다음 날 또 싸웠다.

 이번에는 엄마가 아빠에게 '미친놈'이라고 했다.

 그래서 아이가 또 물었다.

 "미친놈이 뭐예요?"

 그러자 엄마는 "남자란 뜻이란다."라고 대답했다.

 그런데 옆에 있던 할머니가 "참 지랄한다."라고 하셨다.

 그러자 아이가 또 물었다.

 "지랄한다가 뭐예요?"

 그랬더니 할머니가 "기도한다는 거란다."라고 대답해 주셨다.

 20년 후, 그 아이는 목사가 되었다.

그가 예배 시간에 신자들에게 말했다.
"자, 여러분 지랄할 시간입니다. 미친년은 왼쪽에 앉고, 미친놈은 오른쪽에 앉아 우리 모두 지랄합시다."

마음은 급한데…

혀가 몹시 짧은 아이가 살고 있었다.
어느 날 그 아이네 집이 불이 났다.
아이는 얼른 옆집으로 달려가 119에 전화를 했다.

아이 : 아더띠, 우디 딥 부나떠요!!!
소방관 : 꼬마야, 뭐라고?
아이 : 우디 딥 분나떠요!!
소방관 : 뭐라고, 다시 말해 봐.
아이 : 디금 디비 타고 이뜨니까 빠이빠이 돔 오테요.
소방관 : 천천히 다시 말해 봐.
아이 : 우띠 딥 다 타떠. 피됴 업떠!!!

인심 좋은 아빠

한 사우나 라커룸에서 모두들 옷을 갈아입느라 정신이 없는데 어디선가 휴대전화가 울렸다.

내 옆에 있던 한 아저씨가 자연스럽게 받았다.

휴대전화 성능이 워낙 좋아, 옆에 있어도 상대방 목소리가 쩌렁쩌렁 울려 통화 내용을 다 들을 수 있었다.

전화기 : 아빠, 나 엠피쓰리(MP3) 사도 돼?

아저씨 " 어, 그래~!

전화기 : 아빠, 나 새로 나온 휴대전화 사도 돼?

아저씨 : 그럼~!

전화기 : 아빠, 아빠, 나 오토바이 사도 돼?

옆에서 듣기에도 오토바이까지는 무리라고 생각을 했는데…….

아저씨 : 너 사고 싶은 거 다 사.

부탁을 다 들어주고 휴대전화를 끊은 아저씨가 주위를 두리번거리며 외쳤다.

"이 휴대전화 주인, 누구죠?"

택시 요금

할아버지가 택시를 타고 손자네 집에 갔다.

요금이 만 원이 나왔다. 그런데 할아버지는 7,600원을 내시는 것이었다.

택시기사가 황급히 말했다.

"어르신, 요금은 만 원입니다."

그러자 할아버지가 씩 웃으며 말했다.

"이놈아! 2,400원부터 요금이 올라가는 거 다 봤다!"

아빠와 아들

게으른 아들이 아버지에게 말했다.

아들 : 아빠, 저 물 좀 가져다주세요.

아빠 : 냉장고에 있으니 네가 가져다 먹으렴.

잠시 뒤에 아들이 또다시 아버지에게 말했다.

아들 : 아빠 저 물 좀 가져다주세요.

아빠 : 냉장고에 있으니 네가 가져다 먹으렴. 한 번만

더 가져다 달라고 하면 혼난다!

한참 후, 아들이 아버지에게 다시 말했다.

아들 : 아빠, 저 혼내러 오실 때 물 좀 가져다주세요.

아빠 : 헉!

낙하산과 배낭

철수, 짱구, 짱아, 훈이, 맹구가 비행기를 타고 가는데 고장이 났다.

탈출을 시도하려 하는데 낙하산이 4개밖에 없었다.

먼저 짱구가 낙하산을 들고 뛰어내렸다. 그다음은 짱아가, 그다음은 철수가 뛰어내렸다.

남은 두 사람은 고민을 했다. 누가 뛰어내릴 것인가?

그런데 맹구가 갑자기 낙하산이 2개라고 하면서 이렇게 소리쳤다.

"방금 전에 철수가 배낭을 들고 뛰어내렸어."

남편을 기절시킨 이야기

45층짜리 아파트의 꼭대기 층에 사는 부부가 있었다.

맞벌이를 하는 이 부부는 퇴근하자마자 집에 오는 잉꼬부부였다.

그런데 하루는 엘리베이터가 고장 나서 부부는 걸어서 올라가야만 했다. 하지만 45층까지 간다는 것이 너무나 끔찍했다. 그래서 힘든 것을 잊고 걸어 올라가기 위해 번갈아가며 무서운 이야기를 하기로 했다.

이야기를 하다 보니 처녀귀신, 몽달귀신 등 갖가지 귀신들이 다 나왔고, 드디어 44층까지 왔다.

이번에는 아내가 이야기를 할 차례였다.

그런데 아내의 이야기를 들은 남편이 거품을 물고 기절하고 말았다.

도대체 어떤 이야기이기에 기절까지 한 것일까……

"여보! 나 경비실에서 열쇠 안 찾아왔어."

교육의 효과

철수와 아빠가 같이 텔레비전을 보고 있었다.

텔레비전에서 '국가'라는 말이 나오자 철수가 아빠에게 물었다.

"아빠, 국가가 뭐야?"

그러자 아빠는 난감해 하다 이렇게 대답했다.

"저…… 국가란 우리 집에서의 아빠 같은 거야."

이번에는 '정부'라는 말이 나오자 철수가 또 물었다.

그러자 아빠는 이번에는 이렇게 대답했다.

"응, 정부란 우리 집에서의 엄마 같은 거야."

"그럼 '국민'은 뭐야?"라고 철수가 또 물었다.

그러자 아빠가 "응, 국민이란 우리 집에서의 철수 같은 거야."라고 말해 줬다.

"그러면 '노동자'와 '우리들의 미래'는 뭐야?"라고 철수가 또 물었다.

그러자 아빠는 "응. '노동자'란 우리 집 가정부 누나 같은 거고, '우리들의 미래'란 갓 태어난 영희 같은 거야."라고 대답해 줬다.

그날 밤, 철수는 어디선가 들리는 이상한 소리 때문에 잠에서 깨어났다.

소리가 나는 곳으로 살금살금 걸어가서 보니, 가정부 방에서 가정부 누나와 아빠가 한참 '응응'을 하고 있는 것이었다.

철수는 그 광경을 보고 너무나 놀란 나머지 엄마 방문을 두드리며 울었다.

그러나 엄마는 몹시 피곤했는지 그 소리를 듣지 못하고 계속 잠만 잤다.

철수는 망연자실해서 자기 방으로 돌아왔는데, 영희가 철수의 침대에다 똥을 누곤 엎어져서 자고 있었다.

다음 날 아빠가 철수에게 "철수야, 어젯밤에 무엇을 봤니?"라고 물었다.

그러자 철수가 말했다.

"국가(아빠)는 노동자(가정부 누나)를 희롱하고 있었고, 정부(엄마)는 국민(철수)의 말을 듣지 않았으며, 우리들의 미래(영희)는 똥밭에 엎어져 있었어요."

받아쓰기

유치원에서 선생님이 아이들에게 질문을 했다.

"여러분, 받아쓰기가 뭐죠?"

그런데 다른 아이들은 모두 알고 있는데 짱구만 모른다고 했다.

그러자 선생님이 짱구에게 숙제를 내주었다.

"짱구! 받아쓰기 뜻을 알아 오세요!"

집에 돌아온 짱구는 아빠한테 물었다.

"아빠, 받아쓰기 뜻이 뭐예요?"

그러자 아빠가 대답했다.

"니 엄마한테 물어봐."

짱구는 그것을 받아 적은 다음 동태를 자르고 계신 엄마에게 물었다.

"엄마, 받아쓰기 뜻이 뭐예요?"

그때 엄마가 말했다.

"아따~ 동태 눈깔 크네."

그러자 짱구는 또 받아 적었다.

그리고 누나한테도 물어봤다.

"누나, 받아쓰기 뜻이 뭐야?"
텔레비전 오락프로를 보고 있던 누나가 말했다.
"난 알고 있어요. 236-3300."
그러자 짱구는 또 받아 적었다.
그리고 이번에는 형한테 가서 물었다.
"형, 받아쓰기 뜻이 뭐야?"
MP3를 듣고 있던 형이 말했다.
"오, 예스~!"

그리고 다음 날 짱구가 학교에 가자, 선생님이 짱구에게 말했다.
"받아쓰기 뜻을 말해 보렴."
그랬더니 짱구가 "니 엄마한테 물어봐."라고 대답했다.
놀란 선생님의 눈이 동글해졌다.
그랬더니 짱구가 "아따~ 동태 눈깔 크네."라고 말했고, 화가 난 선생님은 "너네 집 전화번호가 뭐야?"라고 물었다.
그러자 짱구가 "난 알고 있어요. 236-3300."이라고 대답했다.

황당해진 선생님이 "너 혼나고 싶니?"라고 하자, 짱구가 기다렸다는 듯이 "오, 예스~!"라고 대답했다.

그날 짱구는 선생님께 엄청 혼났다.

기발한 아이디어

워낙 자전거를 이용하는 사람이 많은 중국에서는 남의 가게 앞 담벼락에 자전거를 주차해 놓는 일이 많다.

한 가게 주인은 너무 심하다는 생각이 들어 자기 집 담벼락에 자전거를 주차하지 말라고 온갖 경고문을 다 써 붙여 놓았다.

그러나 부탁하는 글을 붙여 보기도 하고, 협박하는 글을 써 붙이기도 했지만 아무 소용이 없었다.

그러던 어느 날 주인은 기발한 아이디어를 생각해 냈다. 그리고…… 그날로 모든 자전거가 자취를 감추었다.

무어라고 써 붙여 놨을까?

'자전거 공짜로 드립니다. 아무나 가져가십시오.'

고딩의 고민

고등학교 2학년 남학생이 선생님께 고민 상담을 하러 갔다.

학생 : 선생님, 전 벌써 2학년인데 공부도 못하고 운동도 못하고 꿈도 없습니다. 저는 앞으로 어떻게 될까요?

선생님 : 응, 넌 앞으로…… 고 3이 될 거야.

질 문

한 학생이 선생님을 찾아와 질문을 했다.

학생 : 선생님, 심각한 고민이 있습니다.

어째서 양파링에는 양파가 없고, 사또밥에는 사또와 밥이 없고, 오징어땅콩에는 왜 땅콩만 들어 있고, 고래밥 역시 고래와 밥은 없고, 칼국수에는 칼이 없고, 붕어빵에는 붕어가 안 들어 있고, 인디언밥 역시 인디언과 밥이 안 들어 있고, 짱구 속에는 짱구가 안 들어 있고, 자갈치에는 갈치가 없고, 수제비에는 제비가 안 들어 있고, 쥐포에는 쥐가 없는데…… 그 이유가 무엇인가요?

그리고 계란빵에는 계란이 있고, 술빵에는 술이 첨가되어 있고, 옥수수빵에는 옥수수가 들어 있는데…… 그 이유가 무엇인지도 알고 싶습니다.

선생님 : …… 그럼 엄마손파이에는 뭐가 들어 있길 바라니?

개와 소 이야기

어느 날 강아지와 젖소가 싸움을 했다.

그런데 의외로 강아지가 싸움에서 이겼다.

그러자 젖소가 말했다.

젖소 : 내가 졌소.

그러자 강아지가 의기양양한 표정으로 말했다.

강아지 : 나 강하지?

보도 위의 재미있는
여인 조각상과
기념촬영 한 컷!

배영 중인 조각상.

맨홀의 인부.

으스스하네…….

집에 가서 주무세요.

…….

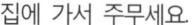
태클!

필사의 키스

네가 최고!

된장 청년과 고추장 아가씨

옛날에 된장 청년과 고추장 아가씨가 한 마을에 살고 있었다.

"고추장 아가씨, 사랑합니다."

"저도 좋아요, 된장 청년."

둘은 몰래 사랑을 했고, 결혼하기를 원했다.

하지만 주변에서 많은 반대가 있었다.

"내 눈에 흙이 들어가기 전까진 안 된다."

"우리 가문에 이런 일은 있었던 적이 없다."

하지만 그 둘은 끝까지 상대방을 믿었고, 마침내 결혼하기로 약속했다.

결혼 전날이 되었다.

"된장 청년, 결혼 전에 꼭 얘기할 게 있어요."

"뭔데요?"

"사… 사실 전……."

"괜찮아요, 얘기해 봐요."

"전… 사실 수입산이에요!"

"흠… 괜찮아요. 고추장 아가씨, 저도 밝힐 게 있어요."

"뭔데요?"

"제 말 듣고 놀라지 말아요."

"네, 얘기해 보세요."

"얘기해도 제 곁을 떠나지 않을 거죠?"

"당연하죠. 절대로 그런 일은 없을 거예요."

"사실…… 저…… 저는 똥이에요."

할머니의 지혜

동창회에 갔다 온 할머니가 할아버지와 부부싸움을 대판했다.

화가 난 할아버지가 말했다.

"내가 죽으면 관 뚜껑을 열고 나와 당신을 괴롭힐 거야. 각오하라구, 이 할망구야."

그런데 얼마 후에 할아버지가 세상을 떠났다.

장사를 지내고 돌아온 할머니는 동창들과 모여서 신나게 놀았다.

이를 지켜보던 동창 친구가 걱정스럽게 물었다.

"야! 걱정 안 되니? 할아버지가 관 뚜껑을 열고 나와 괴롭힌다고 했잖아?"

그러자 할머니가 웃으면서 말했다.

"걱정 마! 그럴 줄 알고 내가 관을 뒤집어서 묻었거든. 아마 지금쯤 땅 밑으로 계속 내려가고 있을 거야."

악 몽

부부가 잠을 자고 있었는데, 남편이 갑자기 소리를 지르면서 일어났다.

남편이 식은땀을 뻘뻘 흘리고 있자 부인이 물었다.

"당신, 왜 그래요?"

"끔찍한 악몽을 꿨어."

"무슨 꿈인데요?"

"이효리와 당신이 서로 나를 차지하려는 꿈이었어."

"그런데 그게 왜 악몽이에요?"

"결국 당신이 이겼거든."

국민성

유엔이 세계 각국의 국민성을 조사했다.

각 나라별로 한 명씩 나와 자국의 국민성을 한마디로 말했다.

영국 사람 : 신사도.

일본 사람: 친절.

독일 사람 : 근면.

미국 사람 : 개척정신.

그때 뒤쪽에서 한국 사람이 소리쳤다.

"거…… 빨리빨리 좀 말하고 들어갑시다."

국적별 비상 대처법

프랑스인, 미국인, 일본인, 한국인 그리고 기타 여러 인종들이 비행기를 타고 가고 있었다.

그런데 갑자기 비행기에서 연기가 올라오는가 싶더니, 이내 추락하기 시작했다.

사람들은 불안에 떨며 울부짖었다.

그때 조종사가 객실로 와서 말했다.

"3명만 뛰어내리면 나머지는 살 수 있습니다."

사람들은 순간 모두 망설일 수밖에 없었다.

다같이 죽을 것인가, 3명만 죽을 것인가?

그런데 순간 프랑스인이 벌떡 일어서더니 이렇게 외치며 비행기 밖으로 뛰어나갔다.

"죽음도 예술이다!"

짝~짝~짝~짝!

프랑스인이 뛰어내리자, 곧이어 미국인이 일어나서 이렇게 외치며 비행기 밖으로 뛰어내렸다.

"세계 최강 미국 만세!"

우~! 우~! 우~!

'이제 한 명만 더 뛰어내리면 모두 살 수 있다!'는 희망을 갖고 남은 사람들은 서로의 눈치를 보았는데, 그 순간 자랑스러운 한국인이 벌떡 일어나면서 외쳤다.

"대한 독립 만세!"

그리고는 옆에 있던 일본인을 잽싸게 비행기 밖으로 집어던졌다.

못 당한다

똑똑한 사람은 예쁜 사람을 못 당하고,
예쁜 사람은 시집 잘 간 사람을 못 당한다.
시집 잘 간 사람은 자식 잘 둔 사람을 못 당하고,
자식 잘 둔 사람은 건강한 사람을 못 당하며,
건강한 사람은 세월 앞에 못 당한다.

컴퓨터 속담

★ 컴퓨터 상가 강아지 3년이면 펜티엄을 조립한다.
★ 재수 없는 마우스는 뒤로 넘어져도 볼이 빠진다.
★ 원수는 채팅 룸에서 만난다.
★ 청계천에서 컴퓨터 난다.
★ 도스는 죽었다.
★ 내일 컴퓨터의 종말이 온다 해도 바이러스를 만들겠다.

비아그라

1. 비아그라를 먹을 땐 빨리 삼켜야 한다. 그 이유는?
☞ 안 그러면 목이 뻣뻣해진다.

2. 참새가 비아그라를 먹으면?
☞ 자신감에 헬리콥터를 쫓아다닌다.

3. 과속 운전자의 변명
☞ 지금 비아그라를 먹어서 집에 빨리 가야 돼요.

4. 비아그라 6단계별 효과
☞ 비아그라 → 일나그라 → 커지그라 → 세지그라 → 합치그라 → 끝내그라

담배로 느끼는 감정

★ 분노 : 한 가치 남은 담배를 거꾸로 물고 필터에 불을 붙였을 때.

★ 짜증 : 침으로 담뱃불을 끄려는데 자꾸 빗나갈 때.

★ 왕짜증 : 화장실에 가서 자리 잡고 담배를 피우려는데 라이터를 가지고 오지 않았을 때.

★ 슬픔 : 아버지가 나보다 더 싸구려를 피우실 때.

★ 허탈 : 재를 털었는데 불똥까지 같이 떨어질 때.

★ 황당 : 불을 붙이려고 라이터를 켰는데 불이 너무 커서 앞머리를 태워버렸을 때.

★ 당황 : 불똥을 손가락으로 튀겼는데 어디로 갔는지 확인할 수 없을 때.

★ 갈등 : 아버지 담배를 슬쩍하려고 했는데 한 개비밖에 없을 때.

★ 기쁨 : 마지막 담배인 줄 알고 페이스를 조절하여 피웠는데 알고 보니 한 개비 더 있을 때.

★ 의문 : 왜 담뱃값보다 싼 일회용 라이터 값이 더 아까울까?

위인들의 대학 졸업 논문 제목

★ 한석봉 : 무조명 아래에서 떡 써는 방법 연구 (공과 계열)

★ 맹자 : 잦은 이사가 자녀 학업에 미치는 영향 (사회과학 계열)

★ 스티븐 스필버그 : 비디오 대여점의 운영과 고객관리 (경상 계열)

★ 멘델 : 완두콩 제대로 기르는 법 (생명공학 계열)

★ 아인슈타인 : 'DHA가 함유된 우유' 언제쯤 만들 수 있나? (농축산 계열)

백수의 등급

1. 초보 백수

남아도는 시간을 주체하지 못해 안절부절못한다.

만화 가게나 비디오 대여점 주인과 이제 말을 트기 시작한다.

직업을 물으면 어쩔 줄 몰라 한다.
주머니가 비면 외출이 불가능하다.
남들 노는 일요일이 되면 허무하게 느껴진다.

2. 어중간한 백수
넘쳐나는 시간이 그리 부담스럽지 않다.
비디오 대여점이나 만화 가게 주인 대신 가게를 봐 주기도 한다.
주머니가 비어 있어도 일단 나가고 본다.
머리를 감지 않고 일주일 정도 버틸 수 있다.

3. 프로 백수
무궁무진한 시간을 자유자재로 활용하는 시테크 전문가.
자신만의 취침 및 기상시간을 고수한다.
몇 달 며칠을 같이 놀아도 도대체 그가 무슨 일을 하는지 아는 이가 없다.
빈 주머니일수록 당당하게 행동한다.

특별한 주소들

★ 코난 주소 : 추리력(도) 좋(군) 형사하(면) 이름날리(리)
★ 돼지 주소 : 먹이(도) 잘먹(군) 밥안주(면) 꿀꿀거리(리)
★ 강원도 감자군 먹으면 살찌리
★ 인생도 외롭군 사귀면 좋으리
★ 소주도 독하군 마시면 취하리

정치가가 가져야 할 5감

1. 치고 빠질 줄 아는 박진감.
2. 말과 행동에서 나오는 이질감.
3. 선거에서 졌을 때 아는 패배감.
4. 선거에서 이기고 공약 까먹는 건망감.
5. 지고 또 나오는 뻔뻔감.

절묘한 위치에서 찍은
흥미로운 사진들.

가나다라 인생 법칙

가 : 가려움의 법칙 - 심하게 가려운 곳은 손이 닿지 않는다.

나 : 나만 모르는 인생법칙 - 나와 관련된 소문은 나만 모른다.

다 : 동창회 법칙 - 동창회에 가면 좋아했던 사람은 다들 안 나오고 상관없는 애들만 나와 있다.

라 : 라면의 법칙 - 먹고 싶지 않을 땐 라면이 잔뜩 있고, 먹고 싶을 때는 라면이 없다.

마 : 미팅의 법칙 - 미팅에서 '저 남자만 안 걸렸으면.' 하는 사람과 꼭 짝이 된다.

바 : 바겐세일의 법칙 - 바겐세일에 가면 꼭 사려는 물건은 세일에서 제외된 품목이다.

사 : 시험의 법칙 - 공부를 안 하면 몰라서 틀리고, 어느 정도 하면 헷갈려서 틀린다.

아 : 애프터서비스의 법칙 - 고장 난 제품을 고치려고 서비스맨이 당도하면 정상으로 작동된다.

자 : 정류장의 법칙 - 자주 오던 버스도 기다리면

안 온다.

차 : 세차의 법칙 - 모처럼 세차하면 꼭 비가 온다.

카 : 칵테일의 법칙 - 젊어서는 돈이 없어 칵테일을 못 마시고, 늙어서는 속이 쓰려서 못 마신다.

타 : 택시의 법칙 - 택시를 타려고 기다리면 빈 택시는 반대편에만 나타나고, 기다리다 못해 건너가면 먼저 있던 쪽으로 온다.

파 : 피장파장의 법칙 - 뜻밖의 수입이 생기면 반드시 뜻밖의 지출이 더 많아진다.

하 : 화장실의 법칙 - 공중 화장실을 이용하기 위해 제일 짧은 줄에 서면 안에 있는 사람이 큰일을 보는지 꼭 오래 걸린다.

쌀밥의 위험 보고서

★ 쌀밥을 먹지 않았던 원시시대에는 치매, 암, 성인병 등이 존재하지 않았다.

★ 국내 강간범의 98% 이상이 쌀밥을 먹고 있다.

★ 국내 흉악범의 90% 이상이 쌀밥을 먹은 뒤 24시간 이내에 범죄를 저지르고 있다.

★ 비리 공직자나 부패 국회의원들은 청탁자들로부터 1회 이상 쌀밥을 뇌물로 제공받은 것으로 드러났다.

★ 국내 비만 여성의 90% 이상이 쌀밥 복용자다.

★ 쌀밥의 중독성은 상상을 초월한다. 누구든 이틀만 굶기면 곧바로 '밥 달라.'는 말이 나온다.

★ 교도소에서는 쌀밥을 먹고 잡힌 범죄자에게 쌀밥 대신 중독성이 약한 보리밥 또는 콩밥을 준다.

늙은이의 후회

첫째, 좀 더 참을 걸.

둘째, 좀 더 베풀 걸.

셋째, 좀 더 즐길 걸.

생활 속의 알파벳

★ 구름 속에 숨어 있는 것은? : B
★ 5월 5일을 좋아하는 사람은? : I
★ 수박에서 귀찮은 것은? : C
★ 모기가 먹는 것은? : P
★ 당신의 머릿속엔? : E
★ 닭이 낳는 것은? : R
★ 밤말을 엿듣는 것은? : G
★ 입고 빨기 쉬운 것은? : T
★ 기침이 나올 때는? : H

영화 속 숨은 법칙 찾기

★ 전쟁 영화에서 : 애인 사진을 갖고 있는 병사는 반드시 죽는다.
★ 추격 신에서 : 오렌지 또는 사과를 실은 리어카는 꼭 뒤집어진다.

★ 영화 속 휴대폰은 어디서든 잘 터진다.
★ 최신 무기를 쓰더라도 끝 장면은 꼭 주먹 싸움으로 끝난다.
★ 건물에서 뛰어내릴 때, 꼭 트럭이 등장한다.
★ 악당 두목은 끝 장면에서 죽거나 잡힌다.
★ 주인공은 급하면 뭐든지 운전한다.
★ 경찰은 주인공이 상황을 끝내고 나면 나타난다.

세태 따라 변한다…

아들을 낳으면? : 1촌
사춘기가 되면? : 남남
군대에 가면? : 손님
장가가면? : 사돈
애(손자) 낳으면? : 동포
이민 가면? : 해외 동포

잘난 아들 : 국가의 아들

돈 잘 버는 아들 : 장모의 아들
빚진 아들 : 내 아들 (부모의 빚)

딸 둘에, 아들 하나면? : 금메달
딸만 둘이면? : 은메달
딸 하나, 아들 하나면? : 동메달
아들만 둘이면? : 목(木)메달

학과별 파리 죽이는 방법

★ 정치학과 : 파리 떼를 여당과 야당으로 편을 나눠 주면 알아서 싸우다 죽는다.

★ 전자공학과 : 파리에게 휴대전화를 공짜로 나눠준 뒤, 휴대전화 과다 사용으로 일찍 죽게 만든다.

★ 유전공학과 : 유전자 변형 두부를 미끼로 사용해 씨를 말린다.

★ 무역학과 : 파리를 정력제라고 속여 수입한다.

★ 화학과 : 지독한 화학조미료를 만들어 파리가 다

니는 길목에 대변 모양으로 쌓아둔다.

★ 철학과 : 모든 파리는 죽는다. 따라서 일부러 죽일 필요가 없다.

★ 수학과 : 파리를 뫼비우스의 띠 위에 올려놓아 평생 동안 걷도록 한다.

★ 경찰학과 : 파리 한 마리를 고문하여 프락치로 만든 뒤, 다른 파리들을 일제 검거한다.

★ 약학과 : 파리에게 치사량의 수면제를 먹인다.

★ 사진학과 : 암파리를 꼬드겨 야한 사진을 찍어 주간지에 공개한다. 그 뒤 언론 플레이를 통해 암파리의 자살을 유도한다.

세태를 반영하는 속담

★ 고생 끝에 병이 든다.
★ 길고 짧은 것은 대 봐도 모른다.
★ 못 올라갈 나무는 사다리 놓고 올라가라.
★ 버스가 지나갔으면 택시 타고 가라.

★ 서당 개 삼 년이면 보신탕감이다.
★ 아는 길은 곧장 가라.
★ 예술은 지루하고 인생은 아쉽다.
★ 윗물이 맑으면 세수하기 좋다.
★ 젊어서 고생은 늙어서 신경통이다.
★ 호랑이한테 물려가도 죽지만 않으면 산다.
★ 가는 말이 거칠어야 오는 말이 곱다.
★ 사공이 많으면 배가 빨리 간다.
★ 백지장은 맞들면 찢어진다.
★ 지렁이는 밟으면 터진다.
★ 남자가 한을 품으면 동지섣달에도 땀띠가 난다.
★ 못된 컴퓨터, 중요할 때 다운된다.
★ 재수 없는 마우스는 뒤로 넘어져도 볼이 빠진다.
★ 왕초보, 바이러스 무서운 줄 모른다.
★ 해커가 많으면 컴퓨터가 골로 간다.

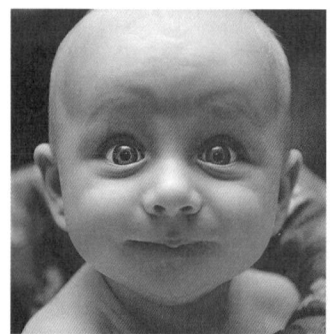

많이 닮았네. 먼 조상인가?

덤벼!
덤비라구!

참 유쾌한 마네킹.

호박 꼭지의 재활용.

편리한 간이 풀장.

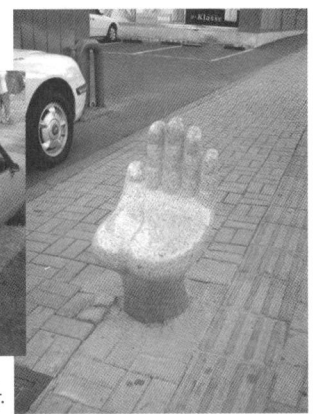

앉기가 망설여지는 의자.

눈 온 다음 날의 장난.

세태가 투영된 사자성어

★ 현상수배자가 잡히지 않는다. ☞ 현상유지.

★ 통화 후 공중전화에서 동전이 다시 나오는 것. ☞ 전화위복.

★ 노총각 노처녀가 선을 보려고 타고 가는 버스. ☞ 노선버스.

★ 남자가 존재하는 한 여자의 지위는 비참하다. ☞ 남존여비.

★ 불이 난 손해액보다 보험금을 더 타면? ☞ 불로소득.

★ 글을 못 쓰는 사람을 위해서 대서소는 특히 필요하다. ☞ 대서특필.

★ 오락 시간에는 흥겨운 가락이 오고가야 재미있다. ☞ 오락가락.

★ 부유한 사람들이 당연한 듯이 해대는 고약한 버릇? ☞ 부당해고.

★ 증권을 사뒀다가 주가가 오르면 팔 증권투자자? ☞ 사주팔자.

★ 임산부 앞에서는 침을 뱉지 마라. ☞ 임전무퇴.

★ 죽치고 마주 앉아 고스톱 치는 친구? ☞ 죽마고우.

★ 할아버지 발은 크다. ☞ 노발대발.

★ 동쪽 문이 막히니 서쪽 편이 답답하다. ☞ 동문서답.

★ 오리가 무 밭에 들어가면 중심을 잃는다. ☞ 오리무중.

★ 요리법과 조리법에 숙달된 여자? ☞ 요조숙녀.

★ 개와 사람이 동업(보신탕집)을 하면? ☞ 개인사업.

★ 세수하는 얼굴 크기와 대야의 크기는? ☞ 세대 차이.

화장실에서의 사자성어

★ 바지를 까 내리고 앉아 힘쓰기도 전에 와장창 쏟아낸다면? ☞ 전의상실.

★ 분명히 떨어뜨렸는데 나중에 사라지고 보이지 않을 경우 ☞ 오리무중.

★ 화장지는 없고, 믿을 거라곤 손가락뿐일 때 ☞ 입장난처.

★ 그래서 오른쪽이나 왼쪽 칸에 있는 사람에게 빌려 달라고 두드려 대는 행위 ☞ 좌충우돌.

★ 그중의 한 놈이 비록 우표딱지만큼이라도 빌려줄 경우 ☞ 감지덕지.

★ 신문지를 쓸 때도 국산 신문 놔두고 꼭 영자 신문으로 처리하는 행위 ☞ 국위선양.

★ 꼭 티슈를 쓰거나, 신문지를 쓰더라도 컬러면만 이용하는 행위 ☞ 허례허식.

★ 거창하게 시작했지만 끝이 영 찜찜할 경우 ☞ 용두사미.

★ 옆 칸에 앉은 사람도 변비로 고생하는 소리가 들릴 때 ☞ 동병상련.

순 우리말 실력은?

★ 패션쇼 ☞ 옷 자랑, 멋 자랑, 걸음마 자랑.
★ 팬티 ☞ 으뜸 부끄럼 가리개.
★ 브래지어 ☞ 버금 딸림 부끄럼 가리개.

★ 미니스커트 ☞ 배꼽 가림 통치마.
★ 넥타이 ☞ 목댕기.
★ 인터뷰 ☞ 찾아가 만나서 쑥떡쑥떡.
★ 회전의자 ☞ 엉덩이 돌림 받침대.
★ 혼성 합창 ☞ 연놈 떼 지어 노래 부르기.
★ 원더우먼 ☞ 방방 뜨는 에미나이.
★ 귀성객 ☞ 아우성객.
★ 세일즈맨 ☞ 입 아픈 흥정꾼.
★ 6백만 불의 사나이 ☞ 비싼 놈.
★ 아주머니 ☞ 응뎅이. (응해야 하니깐)
★ 할머니 ☞ 궁뎅이. (궁하니깐)
★ 숫처녀 ☞ 방뎅이. (방어해야 하니깐)
★ 미스코리아 선발대회 ☞ 예쁜 숫처녀 고르기.
★ 대통령배 쟁탈전 ☞ 임금님 사발 빼앗아 먹기.
★ 키스 ☞ 주둥아리 박치기.
★ 라켓 ☞ 고래 심줄 얽음 채.
★ 카바레 ☞ 제비집.
★ 숭늉 ☞ 밥찌꺼기 끓인 물.

세태가 투영된 신조어

- ★ 추위를 잘 타는 여자 ☞ 추녀.
- ★ 미개한 인간 ☞ 미인.
- ★ 선천성 여우 ☞ 요물.
- ★ 오늘의 물주 ☞ 오물.
- ★ 기혼자 ☞ 비매품.
- ★ 애인 ☞ 오촌오빠.
- ★ 대우받는 실업자 ☞ 대우실업.
- ★ 고스톱 치다 바가지 쓰고 우는 사람 ☞ 고바우.
- ★ 아주 못생긴 사람 ☞ 아베마형, 무허가 건축물.
- ★ 못생긴 파트너 ☞ 삼권분립.
- ★ 오밀조밀하게 이목구비가 가운데로 쏠린 여자 ☞ 중앙집권제.
- ★ 여드름이 많은 사람 ☞ 비포장도로, 춘추전국시대, 베트콩 토벌 작전.
- ★ 엉뚱한 소리 잘하는 사람 ☞ 수소탄.
- ★ 아첨 잘하는 사람 ☞ 헤헤족.
- ★ 오래 사귄 친구 ☞ 클래식.

★ 여자에게 관심이 없는 남자 ☞ 벽계수.
★ 말 많은 사람 ☞ 시어머니.
★ 애교가 철철 넘치는 학생 ☞ 수양버들.
★ 깡마른 사람 ☞ 기본 조직체.
★ 재미없는 선생님 ☞ 수면제.
★ 졸리는 강의 ☞ 슈베르트.
★ 수업 시작 알리는 종 ☞ 취침나팔.
★ 끽연 장소 ☞ 보일러실.
★ 키스타임 ☞ 불 꺼진 항구.
★ 만화가게 ☞ 동생 도서관.
★ 극장 ☞ 검은 도서관.
★ 화장실 ☞ 농림부 도서관.
★ 포장마차 ☞ 원두막.
★ 비비고 만지는 병적 증세 ☞ 비만증.
★ 신체검사 ☞ 보석 감정.
★ 변심하여 이별하는 것 ☞ 궤__도 수정.

답이 없는 대화

남자 : 어이쿠, 어떻게 여기까지 찾아왔어?

여자 : 묻고 싶은 말이 있어서…….

남자 : 자, 이 삽으로 파고 묻어. 말을 묻으려면 한참 파야겠다.

여자 : 실은…… 같이 있고 싶어서…….

남자 : 실은 바늘과 같이 있지. 찾아줄까?

여자 : 절…… 좋아하세요?

남자 : 좋아하고말고! 해인사, 법주사, 불국사 다 좋아!

여자 : 왜 그렇게 내 맘을 몰라 줘요? 너무해!

남자 : 싫어. 나 배추 할래.

여자 : 알았어요…….

남자 : 어쩐지 안 좋아 보였어. 약은 사 먹었어?

여자 : 앞으로 두 번 다시는 찾아오지 않겠어요.

남자 : 그래! 그럼 뒤로 찾아와! 뒷문 어디 있는지 알지?

여자 : 당신만을 사랑했는데…….

남자 : 내 마늘 말고 내 양파도 사랑해 줘.

여자 : 못 잊을 거예요.

남자 : 잊어도 돼! 연장통에 못 많이 있어.

여자 : 이별이 두려워요. 당신은 이별이 두렵지 않아요?

남자 : 허참, 이 별이 뭐가 두려워? 지구는 아름다운 별이야.

여자 : 안녕……! 돌아가는 대로 죽을 준비할 거예요.

남자 : 좋을 대로 해. 난 밥을 더 좋아하지만…….

여자 : 말리지도 않는군요.

남자 : 햇볕 나면 말리려고……

관점에 따라 다른 '나'와 '너'

★ 내 머리에 꽃이 피면? ☞ 금상첨화.

★ 네 머리에 꽃이 피면? ☞ 메주에 곰팡이 피다.

★ 내가 고향에 돌아오면? ☞ 금의환향.

★ 내가 총에 맞아 죽을 경우? ☞ 저격.

★ ET가 너를 쏘면? ☞ 자살.

★ 네가 ET를 쏘면? ☞ 동족상잔의 비극.

★ 네가 막대기를 입에 물고 있을 때? : 돼지바.

- ★ 네가 냉장고 안에 들어가면? ☞ ET콘.
- ★ 내가 냉장고에 들어가 있으면? ☞ 보석콘.
- ★ 너와 내가 냉장고에서 함께 얼었으면? ☞ 쌍쌍바.
- ★ 너를 산에서 죽이면? ☞ 밀도살.
- ★ 네가 그냥 죽으면? ☞ 멸균.
- ★ 너와 나 사이를 가로막고 있는 것은? ☞ '와'.
- ★ 이 세상에서 가장 흔한 성씨는? ☞ '내'가.
- ★ 네 머리에 구멍을 내면? ☞ 돼지 저금통.
- ★ 네가 돈을 물고 있으면? ☞ 돼지머리.
- ★ 네가 한쪽 눈을 감으면? ☞ 애꾸.
- ★ 내가 한쪽 눈을 감으면? ☞ 윙크.
- ★ 네가 땅에 묻히면? ☞ 기초 공사.
- ★ 물에 빠진 너를 건져내면? ☞ 오물 수거.
- ★ 네가 나를 물에서 건지면? ☞ 보물 인양.
- ★ 네가 죽고 없으면? ☞ 사냥, 환경 정리.
- ★ 네가 차를 타면? ☞ 쓰레기차.
- ★ 내가 죽어 없어지면? ☞ 미인박명.
- ★ 세계 제일의 미녀와 내가 걸어가면? ☞ 일란성. 쌍생아.
- ★ 나는 개새끼다. 그 이유는? ☞ 아버지가 개띠.

★ '너는 사라지고, 나는 나타나다.'의 준말은? ☞ 너봉 나 짠.

★ 네 머리에 손가락을 꿰면? ☞ 바비큐.

★ 네가 머리카락을 손으로 들어 올리면? ☞ 천정에 매달린 메주.

거짓말 모음

★ 모범생 : 이번 시험은 정말 망쳤어.

★ 신인 배우 : 외모가 아닌 실력으로 인정받고 싶어요.

★ 수석 합격생 : 그냥 푹 자고 학교 수업만 충실히 했어요.

★ 샐러리맨 : 이 회사, 내일 당장 그만둘 거야.

★ 학원장 : 우리 학원은 아이들의 미래를 책임집니다.

★ 미스코리아 : 그럼요, 외적인 아름다움보다 내적인 아름다움이 중요하죠.

★ 웨딩 사진사 : 내가 본 신부 중에 제일 예쁘네요.

★ 옷가게 주인 : 어머! 언니한테 딱이네. 연예인 뺨치네.

엽기 Q & A

Q : 사람들은 옷을 왜 입을까요?
A : 저도 그게 불만입니다.

Q : 지금 고 1인데요…… 늘 담배피고, 술 많이 마시고, 여자랑 노는 양아치들은 커서 뭐가 되나요?
A : 고 2.

Q : 여친에게 가슴 사이즈가 얼마냐고 물어봤더니 B라고 하는데, B가 큰 건 아니잖아요. 근데 만져 보면 크거든요. 직접 봐도 그렇고……. 어떻게 된 거죠?
A : 나도 만져 봐야 알 것 같은데…….

Q : 올해 중학생이 되는데, 중학교 가면 초등학교랑 다른 게 뭐가 있을까요?
A : 초딩을 욕할 수 있습니다.

Q : '국회의원'을 다섯 글자로 줄이면? 너희들의 창의

력을 보겠어.

A : 여기 네 글자를 다섯 글자로 줄여달라는 바보가 있습니다.

Q : 귤에서 오줌 맛이 난다. 껍질을 먹어서 그런가?

A : 너, 오줌 맛을 어떻게 아냐?

Q : 오빠들~! 저를 보면 무슨 미가 떠올라요? 지성미? 세련미? 섹시미?

A : 니미.

Q : 얼굴 못생기고 옷 잘 입는 거랑, 얼굴 잘생기고 옷 못 입는 거랑 어느 게 좋아?

A : 얼굴 예쁘고 안 입은 거.

Q : 저는…… 상체만큼은 권상우가 부럽지 않을 정도로 다부집니다. 하지만 하체가 너무 부실해요. 어떻게 하죠?

A : 팔로 걸어 다녀.

Q : 제 인생 처음으로 여자친구와 100일을 맞이하게 되어 너무 기뻐요. 이렇게 오래 만남을 가져본 적도 없고, 그동안 여자친구 힘들게만 하고 화만 내고 너무 미안한 일들만 했네요.

100일 날 그동안 저를 참고 믿어준 여자친구에게 보답할 만한 선물은 무엇이 좋을까요?

A : 새 남자친구를 선물하세요.

사오정의 이력서

사오정이 그동안의 방탕한 백수 생활을 청산하고 취직을 하기로 맘먹었다.

친구 팔계에게 옷을 빌려 입고 한 기업에 찾아갔다. 그는 이력서를 자신 있게 내놓았다.

우리의 사오정, 이력이 어떤지 살펴보자.

성   명 : 사오정
본   적 : 누굴 말입니까?
주   소 : 뭘 달라는 겁니까?
호   주 : 가 본 적 없음.
성   별 : 사
신   장 : 두 개 다 있음.
가족 관계 : 가족과는 관계를 갖지 않음.
지원 동기 : 같은 학과 동기인 영구랑 같이 지원했음.
모   교 : 엄마가 다닌 학교라서 난 모름.
자기소개 : 우리 자기는 아주 예쁨.
수상 경력 : 배 타 본 적 없음.

공룡 모양을 한 엽기적인 침대.

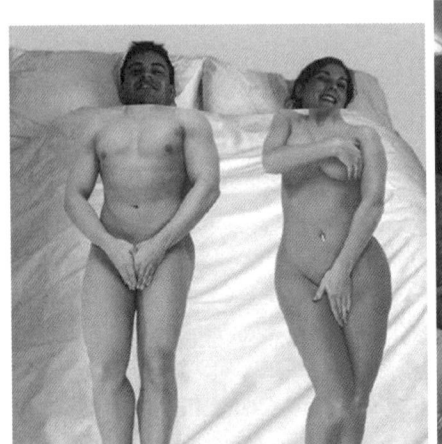

5층 침대.

서로 자리를 바꿔 덮으면 더 가관일 듯.

해적선 침대.

사람 덫 침대?

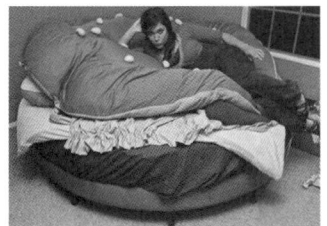
햄버거 침대.

샌드위치 침대.

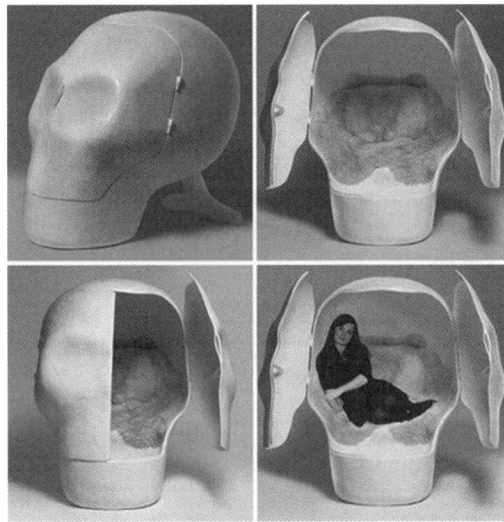

친구 '바보 만들기'

<1탄>

나 : 벙어리가 슈퍼에 가서 칫솔을 달라고 하려면 어떻게 해야 되지?

친구 : (막 이 닦는 척을 하며) 이렇게 하면 되지.

나 : 그러면 장님이 슈퍼에 가서 지팡이를 달라고 하려면 어떻게 해야 되지?

친구 : (지팡이를 짚는 척하며) 이렇게 하면 되지.

나 : 하하하! 이런 바보! 장님은 말로 하면 되거든.

<2탄>

나 : 이번엔 답이 두 개다!

친구 : 응!

나 : 저~기 저~기 산 넘고 산 넘고 산 넘어서 사과나무가 한 그루 있다! 거기에 사과가 몇 개 열려 있게?

친구 : 야, 그걸 내가 어떻게 알아?

나 : 답을 알려줘도 모르냐? 내가 아까 처음 시작할 때 답이 두 개라고 말해 줬잖아.

<3탄>

나 : 경찰차는 폴리스카(Police car)! 소방차는 파이어카(Fire car)! 그럼 병원차는?

친구 : 하스피럴 카(Hospital car)!

나 : 이런 바보~. 너는 앰뷸런스도 모르냐?

친구 : 헐~!

<4탄>

나 : 너 두 발로 걷는 쥐가 뭔 줄 알아?

친구 : 몰라.

나 : 미키 마우스잖아. 똘추 같아. 그럼 두 발로 걷는 개는?

친구 : 몰라. (또는 구피)

나 : 그럼 두 발로 걷는 오리는?

친구 : (자신 있게) 도널드 덕!

나 : 땡~! 오리는 모두 두 발로 걷는다고!

<5탄>

나 : (턱을 만지면서) 야, 너 이마에 뭐 묻었어.

친구 : (턱을 만지며) 안 묻었거든.

나 : 너는 이마가 거기냐?

<6탄>

나 : 너 이제부터 절대로 '흰색'이라고 말하면 안 돼!

친구 : 응!

나 : (머리카락을 가리키며) 이거 무슨 색?

친구 : 당연히 검정색이지.

나 : 틀렸어! '검정색'이라고 말하면 안 된다고 했잖아.

친구 : 언제? '흰색'이라고 말하면 안 된다고 했잖아.

나 : 땡! 속았네. 너 방금 '흰색'이라고 말했지?

<7탄>

나 : 친구야, '아니.'라고 말하면 바보가 되는 거야. 알겠지?

친구 : 응.

나 : 담이 높은 어떤 큰 집이 있었어. 그 집에 들어가야 하는데 문이 열려 있었어. 너 같으면 담을 넘겠냐? (때때로 아무 생각 없이 듣는 애들은 '아니.'라고 단번에 속

는다. 하지만 대부분 여기서는 잘 걸리지 않는다.)

친구 : (억지로) 응.

나 : 담을 넘는다고? 무리하는군. 좋아. 담을 넘었더니 커다란 개 한 마리가 순식간에 나타나 너한테 덤벼들면서 네 다리를 물려고 그래. 너는 그냥 물릴 거야?

친구 : (역시 안 속는다.) 응.

나 : 개한테 물린다고? 좋아. 현관문을 여는데 열쇠가 없었어. 그런데 옆을 보니 창문이 열려 있는 거야. 그럼 넌 열린 창문으로 가지 않고 문을 부수고 들어갈 거냐?

친구 : (약간 생각하며) 응.

나 : 이야~! 절대 안 속네. 대부분이 맨 마지막엔 속던데……. 너, 이 얘기 어디서 들은 거지?

친구 : (아무 생각 없이) 아니~!

<8탄>

나 : 가와 나와 다가 살았는데, 가와 다는 팬티를 입었대. 그럼 아무것도 안 입은 애는 누구게?

생각 없는 친구 : 나.

나 : 뭐라고? 넌 팬티도 안 입고 다니냐?

<9탄>

나 : 내가 금붕어 삼행시 지어 볼게. 운을 띄워 봐.
친구 : 그래. 금!
나 : 금요일에 누가 그러는데…….
친구 : 붕!
나 : 붕어랑 너랑 IQ가 똑같다며?
친구 : 어!
나 : 맞다고? 정말이었구나~!

<10탄>

나 : 친구야, '왜'를 다섯 번 말해 봐.
친구: 왜, 왜, 왜, 왜, 왜.
나 : 너 틀렸어.
친구: 왜?
나 : 방금 여섯 번째 말했으니까.

<11탄>

나 : 친구야! 100, 200, 300, 400, 500을 다섯 번 크게 해 봐.

친구 : 100, 200, 300, 400, 500.

나 : 100 다음은?

친구 : 200!

나 : 100 다음은 101이야.

<12탄>

나 : 영희네 가족은 엄마 아빠와 7자매야. 자매의 이름은 빨숙이, 주숙이, 노숙이, 초숙이, 파숙이, 남숙이가 있거든. 그렇다면 막내의 이름은 뭘까?

친구: 보숙이.

나 : 내가 처음에 영희네 가족이라고 했잖아. 영희지.

<13탄>

나 : 개나리를 열 번 말해 볼래?

친구: 개나리, 개나리, 개나리, 개나리, 개나리, 개나리, 개나리, 개나리, 개나리, 개나리.

나 : 이번엔 송아지 열 번.

친구: 송아지, 송아지, 송아지, 송아지, 송아지, 송아지, 송아지, 송아지, 송아지, 송아지.

나 : 자, 이제 개나리 노래 한번 불러 보자.

친구 : 개나리~ 개나리~ 얼룩 개나리……. (십중팔구는 요렇게 부른다.)

<14탄>

나 : 보크를 열 번 말해 봐.

친구 : 보크, 보크, 보크, 보크, 보크, 보크, 보크, 보크, 보크, 보크.

나 : 스프는 무엇으로 먹지?

친구 : 포크.

나 : 너 스프를 포크로 떠먹는구나? 와! 대단하다.

사랑과 진실

★ 껌을 씹는 아이에게 친구가 한 말? ☞ 단물만 빼먹고 버려라.

★ 남자의 코가 크면 무엇도 큰가? ☞ 콧구멍, 코딱지.

★ 에덴의 동쪽은? ☞ 덴.

★ 뛰면서 먹는 빵? ☞ 뛰뛰 빵빵.
★ 키스할 때 항상 그녀가 벗는 것은? ☞ 안경.
★ 내가 싫어하는 여자는? ☞ 나를 가장 싫어하는 여자.
★ 플레이 걸이 좋아하는 남자는? ☞ 오래 서 있는 남자.
★ 따뜻하고 정이 있는 검은 손의 사나이는? ☞ 연탄 배달부.
★ 꽃같이 아름다운 여자의 약점은? ☞ 쉽게 꺾인다.
★ 하루에 두 번씩 한 몸을 이루는 것은? ☞ 시계바늘.
★ 여자의 입이 크면 무엇이 큰가? ☞ 숟가락.

가위바위보 처녀 식별법

★ 가위를 내는 여자 ☞ 숫처녀. (가냘프다)
★ 바위를 내는 여자 ☞ 노처녀. (남성적이다)
★ 보를 내는 여자 ☞ 들뜬 처녀. (감성적이다)

발 맞춰서 하나 둘!

까불지 말라구!

작업 중…….

좀 나눠먹자!

"엄마, 얘는 누구야?"
"글쎄다……."

아이스크림
나도 한 입!

이봐,
뭐 하고 있는 거야?

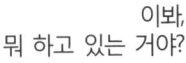

수녀님들,
저도 같이 놀아요.

부부는 일심동체

★ 부모가 자식의 출셋길을 막는 행위는? ☞ 피임.

★ 인류 최초의 동거생활을 한 부부는? ☞ 아담과 이브.

★ 바가지 긁다 남편한데 얻어맞은 마누라의 얼굴을 무엇이라 하나? ☞ 깨진 바가지.

★ 운전기사 아내가 밤마다 남편에게 들려주는 말은? ☞ 과속금지.

★ 공처가가 마누라 잔소리를 듣고도 가만히 있는 이유는? ☞ 큰 소리보다 잔소리가 낫기 때문.

★ 부인이 남편에게 주는 상은? ☞ 밥상.

★ 부부는 서로 ( )끼고, ( )하는 사이이다. 그렇다면 ( )안에 들어갈 말은? ☞ 아, 위.

★ 날마다 성격 차이로 말다툼하던 부부가 마지막으로 의견 일치를 본 것은? ☞ 이혼.

★ 세계적인 애처가는 누구인가? ☞ 임꺽정.

★ 금실 좋은 부부가 잘 섬기는 신은? ☞ 여보당신.

★ 배불뚝이 남편과 임산부 아내 사이를 무엇이라고 하나? ☞ 가까이하기엔 너무 먼 당신.

★ 돼지띠 동갑나기 부부가 사는 집을 무엇이라고 하나? ☞ 돼지우리.

남녀 칠세 부동석

★ 남자와 여자가 보는 것은 같은데, 방법이 다른 것은? ☞ 소변보기.

★ 여자가 남탕에 들어가면 받게 되는 죄명은? ☞ 방화죄.

★ 남자가 여탕에 들어가면 받게 되는 죄명은? ☞ 불법무기소지죄.

★ 비행기 여행 중에 만난 연인 사이를? ☞ 천생연분.

★ 남녀 사이에서 눈 깜짝할 새 이루어지는 일은? ☞ 윙크.

★ 여자의 마음이 갈대라면, 남자의 마음은? ☞ 갈대에 앉은 고추잠자리.

★ 이성교제의 선구자는? ☞ 이몽룡과 성춘향.

★ 남자와 여자가 자고 나면 생기는 것은? ☞ 눈곱.

★ 여자의 눈물이 장식품이라면, 남자의 눈물은? ☞ 필수품.

★ 여자의 액세서리가 귀금속이라면 남자의 액세서리는? ☞ 돈지갑.

★ 남자의 귀는 여자의 옷 벗는 소리에 예민하고, 여자의 귀는 남자의 무슨 소리에 예민한가? ☞ 돈 세는 소리.

★ 남자나 여자나 하기 전에는 두근두근, 할 때는 후들후들, 끝나면 시원섭섭하지만, 시간이 흐르면 다시 하고 싶은 것은? ☞ 결혼.

★ 사랑이란 혼자 하면 사색하게 되고, 둘이 하면 돈만 깨지고, 셋이 하면? ☞ 싱거워진다.

신혼부부의 첫날밤

★ 신혼부부가 좋아하는 노래? ☞ 아직도 어두운 밤인가 봐.

★ 신혼부부가 가장 싫어하는 노래? ☞ 아니 벌써 해가 솟았나?

★ 신혼부부의 첫날밤 준비 운동은? ☞ 목욕.

★ 제주도로 신혼여행을 가서 돈이 떨어졌다. 과연 어떻게 해야 될까? ☞ 재빨리 줍는다.

★ 신혼부부가 많이 생길수록 손해 보는 곳은? ☞ 한국전력.

★ 신혼여행 가서 첫날밤 신랑에게 주는 약은? ☞ 배 멀미약.

★ 구혼에 성공하면 무엇이 되나? ☞ 신혼.

★ 신혼부부가 많이 생기면 좋아하는 곳? ☞ 산부인과의원.

★ 태양보다 달을 더 좋아하는 사람은? ☞ 신혼부부.

★ 신혼부부의 행복의 척도는? ☞ 신랑머리털이 얼마나 뽑혔느냐.

★ 신혼 초에 새댁이 생선을 굽는데, 시어머니께서 생선 타는 냄새가 나니 뒤집어 놓으라고 했다. 그랬더니 새댁이 한 말은? ☞ 뜨거우면 돌아눕겠죠.

★ 단돈 100원어치 식량만 있어도 하루를 즐겁고 재미있게 살 수 있는 부부는? ☞ 소꿉놀이 부부.

사투리 시리즈

★ 다음 말을 경상도 사투리로 바꾸면?
'이루어질 수 없는 사랑' ☞ 택도 없는 사랑.
'통행에 불편을 드려 죄송합니다.' ☞ 댕기는 데 지장을 끼쳐 억수로 미안합니데이.

★ 다음 말을 이북말로 바꾸면?
'원더우먼' ☞ 방방 뜨는 에미나이.
'I'm a boy.' ☞ 내래 종간나 새끼야요.
'빨리 키스해 주세요.' ☞ 날래날래 주둥이 접선하라우야.

★ '아직도 그대는 내 사랑'을 전라도 말로? ☞ 시방도 고거는 내 거랑께.

★ 표준어 ☞ 돌아가셨습니다.
경상도 ☞ 죽었다 아임니꺼~.
전라도 ☞ 죽어부렸으라이~.
충청도 ☞ 갔슈~!

★ 표준어 ☞ 잠깐 실례하겠습니다.
경상도 ☞ 내 좀 보이소~.
전라도 ☞ 아따, 잠깐만 보더라고잉~.
충청도 ☞ 좀 봐유~.

★ 표준어 ☞ 정말 시원합니다.
경상도 ☞ 억수로 시원합니더~.
전라도 ☞ 겁나게 시원해부네잉~.
충청도 ☞ 엄청 선해유~.

★ 표준어 ☞ 괜찮습니다.
경상도 ☞ 아니라예~.
전라도 ☞ 되써라~.
충청도 ☞ 됐슈~.

★ 표준어 ☞ 어서 오십시오.
경상도 ☞ 퍼뜩 오이소~.
전라도 ☞ 언능 오랑께잉~.
충청도 ☞ 어여 와유~.

★ 표준어 ☞ 이 콩깍지가 깐 콩깍지인가, 안 깐 콩깍지인가?

충청도 ☞ 깐 겨 안 깐 겨?

★ 표준어 ☞ 당신은 개고기를 먹습니까?

충청도 ☞ 개 혀?

★ 충청도의 중년 부부가 잠자리에 들어서 사랑을 나누려고 할 때.

영감 : 헐 겨?

마누라 : 혀.

한참 후.

영감 : 워뗘?

마누라 : 헌 겨?

논산 훈련소에서 각 도 조교의 구령

★ 서울 출신 ☞ 앞으로 갓, 뒤로 돌아갓.
★ 경상도 출신 ☞ 앞으로 가이소예, 뒤로 가이소예.
★ 전라도 출신 ☞ 앞으로 가랑께, 뒤로 가랑께.
★ 충청도 출신 ☞ 앞으로 가유, 뒤로 가유.

말 줄이기

★ '홍도야 울지 마라.'를 세 글자로 줄이면?
☞ 홍도 뚝!
★ '아름다움'을 두 글자로 줄이면? ☞ 미움.
★ '두 얼굴의 사나이'를 두 글자로 줄이면?
☞ 병신.
★ '할머니의 마음'을 세 글자로 줄이면? ☞ 노파심.
★ '사모하는 님아'를 세 글자로 줄이면? ☞ 사모님.
★ '바람, 바람, 바람'을 세 글자로 줄이면? ☞ 쌩쌩쌩.
★ '대학에 합격하는 꿈'을 다섯 글자로 줄이면?

☞ 재수 없는 꿈.

★ '시주를 받고 있는 탁발승'을 세 글자로 줄이면?
☞ 영업 중.

★ '뱀을 끓여 먹으면 몸에 좋다.'를 세 글자로 줄이면? ☞ 사탕발림.

★ '세상에서 가장 잘생긴 사람'을 한 글자로 줄이면?
☞ 나.

★ '그때 그 사람'을 두 글자로 줄이면? ☞ 아, 걔.

★ '소가 넘어간다.'는 세 글자로 줄이면? ☞ 거짓말.

★ 소는 소인데, 도저히 무슨 소인지 알 수 없는 소를 4자로 줄이면? ☞ 모르겠소.

★ '예수님이 나타나셨다.'를 한 글자로 줄이면?
☞ 짠~!

★ '이주일이 잘생겼다.'를 네 글자로 줄이면?
☞ 말도 안 돼.

★ '헤어질 때 뽀뽀하는 것'을 세 글자로 줄이면?
☞ 뽀빠이.

★ '못 다 핀 꽃 한 송이'를 네 글자로 줄이면?
☞ 꽃봉오리.

★ '바람둥이 남편의 품'을 세 글자로 줄이면? ☞ 불량품.

★ '고추잠자리'를 두 글자로 줄이면? ☞ 팬티.

★ '포경수술을 하고 나오다가 넘어졌다.'를 일곱 자로 줄이면? ☞ 좆 까고 자빠졌네.

★ '쥐 네 마리가 모였다'를 두 자로 압축하면? ☞ 쥐포.

★ 형과 동생이 싸우는데 가족들은 모두 동생 편만 든다. 이것을 간단하게 말하면? ☞ 형편없는 세상~.

★ 태정태세문단세 예성연중인명선 광인효현숙경영 정순헌철고순(조선시대 27명 임금)을 다섯 자로 줄이면? ☞ 왕입니다요.

이런 사람 어떻게 해야 하나요?

★ 구제역을 태백역 근처에 있는 기차역 이름이라고 아는 척하는 사람.

★ 갈매기살이 날아다니는 바다 갈매기의 살이라고 우기면서 이빨 쑤시는 녀석.

★ 북한산은 북한에 있는 산이라고 끝까지 박박 우기는 종간나.

★ 세발낙지를 발이 세 개라고 침 튀기는 멍청이.

★ VISA카드 발급 받고 미국 가는 비자 발급 받았다고 좋아하는 얼간이.

★ 진짜 고급 레스토랑에서는 돈가스도 쇠고기로 만든다고 열 내는 양반.

★ 이태리타월은 이탈리아가 Original이라고 우기는 무식꾼.

★ LA갈비는 LA에서 만들어진다고 이빨 까는 넘.

★ 낙성대가 서울대 분교 이름이라고 주장하는 넘.

★ 몽고반점은 북경반점 옆에 있는 중국음식점 이름이라고 버티는 넘.

★ 첨성대가 경주에 있는 대학교 이름이라고 줄기차게 주장하는 사람.

난센스 퀴즈

★ 흥부가 형수님한테 싸대기 맞은 이유?
☞ "형수님, 저 흥분데요."라고 말해서.

★ 폭력배가 많은 나라? ☞ 칠레.

★ 네 마리의 고양이가 괴물이 되면? ☞ 포켓몬스터.
(4를 영어로 포(four)라 하고, 고양이는 영어로 cat이며, 괴물을 영어로 하면 몬스터monster.)

★ 양이 치질에 걸리면 뭐라고 부르는가? ☞ 양치질.

★ 붉은 길에 동전 하나가 떨어져 있다. 그 동전의 이름은? ☞ 홍길동전.

★ 사람의 몸무게가 가장 많이 나갈 때는? ☞ 철들 때.

★ 고인돌이란? ☞ 고릴라가 인간을 돌멩이처럼 취급하던 시대.

★ '엉성하다.'의 뜻? ☞ 엉덩이가 풍성하다.

★ 절세미녀란? ☞ 절에 세 들어 사는 미친 여자.

★ 눈치코치란? ☞ 눈 때리고 코 때리고.

★ 요조숙녀란? ☞ 요강에 조용히 앉아 있는 숙녀.

★ 세상에서 가장 뜨거운 바다? ☞ 열바다 (열 받아.)

★ 세상에서 가장 추운 바다는? ☞ 썰렁해!

★ 보내기 싫으면? ☞ 가위나 바위를 낸다.

★ 식인종이 밥투정할 때 하는 말은? ☞ 에이, 살맛 안 나.

★ 황당무계란? ☞ 노란 당근이 무게가 더 나간다.

★ 천고마비란? ☞ 하늘에 고약한 짓을 하면 온몸이 마비된다.

★ 착한 자식이란? ☞ 한국에서 살고 있는 성실한 사람.

★ 미친 자식이란? ☞ 미국과 친해지려는 사람.

★ 왕이 넘어지면 뭐가 될까? ☞ 킹콩.

★ 스타들이 싸우는 모습을 뭐라고 할까? ☞ 스타워즈.

★ 토끼들이 제일 잘하는 것? ☞ 토끼기(도망치기)

★ 진짜 문제투성이인 것은? ☞ 시험지.

★ 굶는 사람이 많은 나라는? ☞ 헝가리.

★ 경찰서가 가장 많이 불타는 나라는? ☞ 불란서.

★ 사람이 일생 동안 가장 많이 내는 소리는? ☞ 숨소리.

★ 눈이 녹으면 뭐가 될까? ☞ 눈물.

★ 세상에서 제일 큰 코는? ☞ 멕시코.

★ 걱정 많은 사람이 오르는 산은? ☞ 태산.

★ 공 중에서 사람들이 가장 좋아하는 공은? ☞ 성공.

★ 누구나 즐겁게 웃으며 읽는 글은? ☞ 싱글벙글.

★ 떡 중에 가장 빨리 먹는 떡은? ☞ 헐레벌떡.

★ 목수도 못 고치는 집은? ☞ 고집.

★ 바닷가에서는 해도 되는 욕은? ☞ 해수욕.

★ 오줌을 잘 싸는 사람은 오줌싸개이다. 그러면 빨리 싸는 사람은? ☞ 잽싸게.

★ 장사꾼들이 싫어하는 경기는? ☞ 불경기.

★ 전쟁 중에 장군이 가장 받고 싶어 하는 복은? ☞ 항복.

★ 창으로 찌르려고 할 때 하는 말은? ☞ 창피해!

★ 책은 책인데 읽을 수 없는 책은? ☞ 주책.

★ 탈 중에 쓰지 못하는 탈은? ☞ 배탈.

★ 파리 중에 날지 못하는 파리는? ☞ 프랑스 파리, 해파리.

★ 해에게 오빠가 있다. 누구인가? : 해오라비 (해오라비는 새이다.)

★ 해의 성별은 남자인가 여자인가? ☞ 여자. (오빠가 있으니까)

★ 신사(젠틀맨)가 자기소개를 한다. 어떻게 할까?
☞ 신사임당.

★ 부처님이 너무나 잘생겼다. 어떻게 말할까? ☞ 부처 핸썸.

★ 참기름과 물과 각종 반찬을 다 섞었다. 어떻게 될까? ☞ 엄마한테 뒈지게 혼난다.

★ 오랜 봉사활동을 거쳐 빛을 본 사람은 누군가? ☞ 심 봉사.

★ 바닷물이 짠 이유? ☞ 물고기가 땀나게 뛰어 놀아서.

★ 신혼이란? ☞ 한 사람은 신나고, 한 사람은 혼나는 것이다.

★ 한 남자가 25도짜리 소주 네 병, 6도짜리 맥주 열 병, 45도짜리 고량주 세 병을 모두 다 마셨다. 이 남자가 마신 술은 모두 몇 도일까? ☞ 졸도.

★ 체중 줄이는 비법 6가지? ☞ 땀 닦기, 귀지 파기, 코딱지 후비기, 머리털 뽑기, 비듬 털기, 때 밀기.

★ 대머리를 순수한 우리말 5자로 줄이면? ☞ 숲 속의 빈터.

★ 바늘만 가지고 다니는 사람을 부르는 말? ☞ 실없는

사람.

★ 라이터만 가지고 다니는 사람을 부르는 말? ☞ 불만 있는 사람.

★ 담배만 가지고 다니는 사람을 부르는 말? ☞ 불필요한 사람.

★ '죽이다.'의 반대말은? ☞ 밥이다.

★ 가장 조용한 집을 뜻하는 한자는? ☞ 아들 자(子).

★ 가장 숨 막히는 싸움은? ☞ 멱살 잡고 싸우는 싸움.

★ 차도는 없고 걸어가는 길만 있는 나라는? ☞ 인도.

★ 안 마셔도 취하는 술? ☞ 최면술.

★ 가장 짧은 시간에 돈 버는 사람은? ☞ 사진사.

★ 깨뜨리고도 칭찬받는 사람은? ☞ 신기록을 세운 사람.

★ 인디언의 대장을 다른 말로 하면? ☞ 추장.

★ 추장보다 더 높은 것은? ☞ 고추장.

★ 고추장보다 더 높은 것은? ☞ 초고추장.

★ 초고추장보다 더 높은 것은? ☞ 태양초 고추장.

재치 퀴즈

★ 슈퍼맨의 가슴에 있는 'S'는 무엇의 약자인가?
☞ 스판.

★ 3개 국어를 사용해서 한 문장으로 말해 보라.
☞ 핸들 이빠이 꺾어!

★ '술과 커피는 안 팝니다.'를 4자로 줄이면?
☞ 주차(酒茶) 금지.

★ 자전거를 사이클이라고 한다. 그럼 '자전거를 못 탄다.'는 말은? ☞ 모타 사이클.

★ 애 낳다가 죽은 여자는? ☞ 다이애나.

★ 세상에서 제일 더럽고 추잡스럽기 짝이 없는 개는?
☞ 꼴불견.

★ 소금이 죽으면? ☞ 죽염.

★ 애들이 학교에 가는 이유? ☞ 학교가 올 수 없으니까.

★ 우유를 5글자로 늘리면? ☞ 송아지 쭈쭈.

★ 프랑스 최고의 애주가? ☞ 공드레 망드레.

★ 프랑스에서 제일로 돈이 많은 사람? ☞ 도느로

똥따까.

★ 우리나라 최고의 술꾼 이름? ☞ 노상술.

★ 남성 화장실 작전 ☞ 일보전진, 일발명중, 초전박살.

★ 가장 힘든 일 세 가지 ☞ 하늘의 별 따기, 칼로 물 베기, 누워서 떡 먹기.

★ 담배의 일생 ☞ 20 대 1로 뽑힌 너, 키스를 받던 너, 불꽃을 태우던 너, 버려진 너, 짓밟힌 너.

★ 홀아비 3총사 ☞ 함진아비, 장물아비, 허수아비.

★ 커닝의 3대 요소는? ☞ 신속, 정확, 시침 뚝.

★ 인기 있는 친구의 세 가지 조건? ☞ 3M. (매너, 무스, 머니)

★ 가위질로 이름난 3대 가문? ☞ 엿장수, 이발사, 재단사.

★ 짝사랑의 3대 요소는? ☞ 자유 선택, 공간 초월, 시간 초월.

★ 열등생의 필수 과목? ☞ 흡연, 음주, 미팅.

★ 고스톱의 3대 조건? ☞ 설왕설래, 좌충우돌, 이구동성.

★ 돈의 3종류? ☞ 호주머니, 슬그머니, 에구머니.

★ 남자가 뛸 때 가운데에서 하나가 흔들리는 것은 뭘

까? ☞ 넥타이.

★ 여자가 뛸 때 두 개가 흔들리는 것은 뭘까? ☞ 귀걸이.

★ 매월 말일만 되면 찢어지는 아픔에 시달리는 여자는? ☞ 캘린더 걸.

★ 바르기는 여자가 주로 바르고, 남자가 즐겨 먹는 것은? ☞ 립스틱.

★ 밤에 빨래하는 아내에게 남편이 하는 말은? ☞ 자지, 왜 빨아?

★ '낯선 여자에게서 그 남자의 향기를 느꼈다.'를 5자로 줄이면? ☞ 혹시 이년이?

★ TV의 '숨어 있던 1인치를 찾아 드립니다.' 이게 무슨 광고일까? ☞ 포경수술 광고.

★ 사사오입이란? ☞ 네 번 싸고도 다섯 번째 또 넣는 것.

★ 여자는 없는데, 남자는 아래쪽에 하나 있는 건? ☞ 받침.

★ 박찬호는 영어로 이름을 쓸 때 PARK이라고 적는데 박세리는 왜 PAK으로 적을까? ☞ 박세리는 알이 없

으니까.

★ 여자가 좋아하는 남자는 어떤 남자일까? ☞ 서 있는 남자.

★ 남자가 좋아하는 여자는 어떤 여자일까? ☞ 속 좁은 여자.

★ 사람이라면 누구든지 가지고 있다. 이것을 보면 남자인지 여자인지 알 수 있다. 이것은 무엇일까?
☞ 이름.

★ 이것은 봉사하는 마음으로 임하는 게 마음이 편하다. 주로 침대에서 많이 하지만, 가끔은 차에서도 한다. 역전 주위에는 여자들이 하고 가라고 잡기도 한다. 무엇일까? ☞ 헌혈.

★ 겉옷을 벗기면 속옷이 나오고, 속옷을 벗기어 빨면 흐물흐물해지는 것은? ☞ 껌.

★ 동그란 모양인데, 만지면 물렁물렁하고 끝에 꼭지가 있는 것은? ☞ 풍선.

★ 늙은 남자가 여탕에 들어가면 무슨 죄인가?
☞ 불량 무기 소지죄.

★ 그러나 그 남자가 훈방됐다. 왜? ☞ 물총은 무기가

아니므로.

★ 할머니가 남탕에 들어가면? ☞ 방화 미수죄.

★ 포경수술의 순 우리말은? ☞ 아주까리.

★ 제비족에게 최초로 당한 여자는? ☞ 놀부 마누라.

★ 두 쪽으로 나누어져 있으며, 먹히기 전에 벗겨져야 하며, 손으로 발가벗게 하며, 사람들은 먹기 전에 핥기도 한다. 무엇일까? ☞ 땅콩.

★ 폭풍우보다 더 무서운 비는? ☞ 낭비.

★ 세탁소 주인이 가장 좋아하는 차는? ☞ 구기자차.

★ 코끼리가 홀딱 벗은 남자에게 뭐라고 말했을까? ☞ 넌 그걸로 어떻게 먹니?

★ 도둑이 훔쳐간 돈? ☞ 슬그~머니(Monety).

★ 며느리들이 싫어하는 돈? ☞ 시어~머니(Money).

★ 생각만 해도 찡~한 돈? ☞ 어~머니(Mother).

★ 일본에서 지독한 구두쇠는? ☞ 겐자이 아끼네.

★ 일본에서 가장 유명한 돌팔이 의사? ☞ 옥도정기 막 발라상.

★ 친구들과 술집에 가서, 술값 안내려고 추는 춤은? ☞ 주춤주춤.

★ 어부들이 제일 싫어하는 가수는? ☞ 배철수.

★ 우리나라에서 가장 잠이 많은 가수는? ☞ 이미자.

★ 처음 만나는 소가 하는 말은? ☞ 반갑소.

★ 미소의 반대말은? ☞ 당기소.

★ IQ 30이 생각하는 산토끼의 반대말은? ☞ 끼토산.

★ IQ 60이 생각하는 산토끼의 반대말은? ☞ 집토끼.

★ IQ 80이 생각하는 산토끼의 반대말은? ☞ 죽은 토끼.

★ IQ 100이 생각하는 산토끼의 반대말은? ☞ 바다 토끼.

★ IQ 150이 생각하는 산토끼의 반대말은? ☞ 판 토끼.

★ IQ 200이 생각하는 산토끼의 반대말은? ☞ 알카리 토끼.

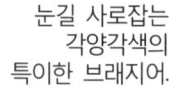

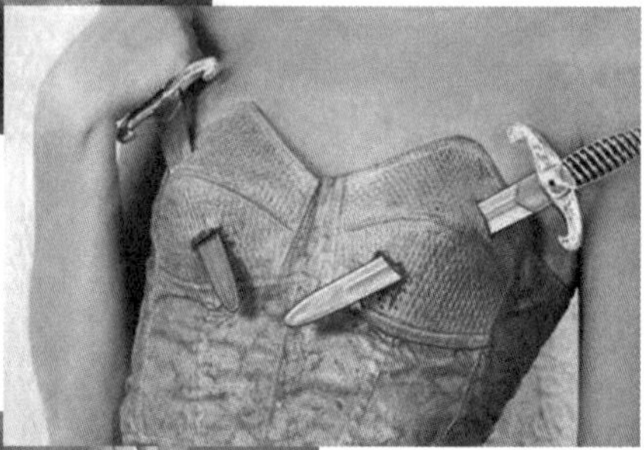

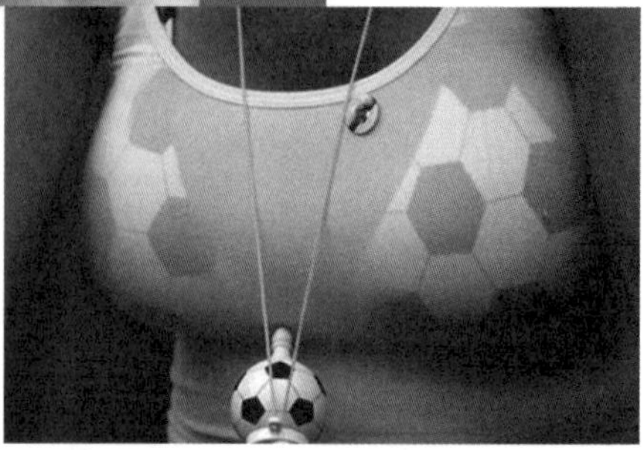

눈길 사로잡는
각양각색의
특이한 브래지어.

시대를 대변하는 은어들

<미팅 또는 연애와 관련된 은어>

★ 카 : 대학생들이 카드놀이를 하면서 즐겨 쓰던 단어인데, 70년대 후반부터 파트너를 뜻하는 말로 변형되었다. 지금까지도 '퀸카', '킹카' 등의 은어로 쓰인다.

★ 무지개카 : 용모가 잘생긴 수려한 파트너.

★ 아폴로카 : 달에 추방당할 정도로 못생긴 파트너.

★ 돌돌카 : 돌부처도 돌아앉을 만큼 못생긴 파트너.

★ 대일밴드카 : 1회용 파트너.

★ 시별실실살카 : 시체도 놀라 벌떡 일어나 실실 웃다가 졸도하는 파트너.

★ 후지카 : 원래 '후지다'는 말로 쓰이다가, 80년대에는 후리후리하고 지적인 파트너를 지칭.

★ 나체팅' : night + cherry + meeting

★ 교양 필수과목 : 미팅.

★ 메인 미팅 : 비용을 부담하는 미팅.

★ 야사쿠라 미팅 : 밤 벚꽃놀이 데이트.

★ 야팅 : 야외 미팅.

★ 졸팅 : 졸지에 하게 된 미팅.
★ 사빙고 : 사은회를 빙자한 미팅.
★ 종빙고 : 종강을 빙자한 미팅.
★ 배팅, 딸팅 : 배밭이나 딸기밭에서 하는 미팅.
★ 바보들의 행진 : 단체 미팅.
★ 가봉한다 : 축제 파트너를 정하기 전에 미리 만나 보는 것.
★ 우심깜보카 : 우리 심심한데 깜깜한 데서 뽀뽀나 할까?
★ 코카콜라 사랑 : 산뜻한 사랑.
★ 해태 사랑 : 좋은 사이.
★ 발 시럽다 : 애인 없다.
★ 클래식 : 오래 사귄 애인.
★ 순모 : 처녀.
★ 혼방 : 비처녀.
★ 트랜지스터 : 전화만 걸면 나오는 여자.

<술·담배·오락과 관련된 은어>
★ 2살 두꺼비 : 2홉짜리 진로 소주.
★ 고전 : 막걸리.

★ 떼거북이 : 한산도 담배.

★ 양담배 : 필터가 없어서 양쪽으로 피울 수 있는 새마을 담배.

★ 모닝 큐 : 아침부터 수업 빼먹고 당구치는 것.

★ 동양화 수학공부 : 화투놀이.

★ 고부간의 갈등 : 고고춤이냐, 블루스냐?

★ 자가용 : 부인.

★ 영업용 : 술집 여자.

★ 콜택시 : 호스티스.

★ 라보떼 : 라면으로 보통 때우는 식사.

★ 라파게티 : 라면에 파와 계란 넣고 끓인 것.

★ 죽마고우 : 죽치고 앉아서 고스톱 치는 친구.

★ 토끼토끼 : 도망가라!

★ IBM : 이왕 버린 몸.

★ Endless 아부 : 끝없는 아부.

<사회풍자・학교생활과 관련된 은어>

★ 경로석 : 경박하고 노련한 사람이 앉는 자리.

★ 안드로메다 군단, 고삐리 : 전투경찰.

★ 심증은 가는데 물증이 없다 : 여대생 살인사건의 유력한 용의자가 무혐의로 풀려났을 때 유행.

★ 알프스 드링크 / 액세서리 : A 학점.

★ A 뿔따구 : A+

★ 비실비실 : B와 C학점.

★ 시들시들, 크리스천 디올 : C와 D 학점.

★ 권총 차다 : F 학점(권총 모양에서 유래)

★ 무기 창고 : 모두 F학점에 걸린 경우.

★ 학경파 : 학사 경고파.

★ 총장님 친서 : 학사 경고장.

★ FM 장학금 : 부모가 보내주는 학자금.

★ 허위 자백서 : 답안지.

★ 올백 : 모든 시험지를 백지로 내는 것.

★ 도배 : 커닝 페이퍼.

★ 쥐약 : 숙제에 사용되는 문제 풀이 참고서.

★ 흐르지 않는 강 : 휴강.

★ 양수기 : 침 튀기며 강의하는 교수.

★ 학점의 천사 : 학점을 후하게 주는 교수.

★ 버터 교수 : 외국어를 많이 사용하는 교수.

★ 3대 명장 : 강의를 못하는 3대 교수.
★ ○○○파 양성소 : 법대(여대생 살해 용의자가 다니던 대학)
★ 꼰대 양성소 : 사범대.
★ 칼잡이 : 의대생.

나라별로 넥타이 고를 때 하는 말

프랑스인 : 이거 최신 유행하는 겁니까?
독일인 : 이거 얼마나 오래 맬 수 있습니까?
미국인 : 이거 세계에서 제일 좋은 겁니까?
영국인 : 이거 신사들이 매는 겁니까?
사우디인 : 이거 알라신이 매는 겁니까?
중국인 : 이거 팔면 얼마나 이익이 납니까?
일본인 : 이거 얼마나 깎아 줄 수 있습니까?
한국인 : 이거 중국에서 만든 거 아닙니까?

유언 시리즈

구두쇠 : 장례비 깎아라.
코미디언 : 웃지 마. 이건 진짜야.
신발장수 : 신이 나를 버렸구나.
영화감독 : 레디고!
장의사 : 손님 받아라.

영어로 번역하면?

★ 이것은 코입니다. ☞ 디스코.
★ 이것은 코가 아닙니다. ☞ 이코노.
★ 그런데 다시 보니 코입니다. ☞ 도루코.
★ 이것은 매 맞아 터진 코입니다. ☞ 싸만코.
★ 그런데 또다시 보니 코가 아닙니다. ☞ 코코낫.

기차의 사계절

- ★ 봄 ☞ 꽃차 (손님들이 꽃을 들고 타니까)
- ★ 여름 ☞ 열차 (더우니까)
- ★ 가을 ☞ 객차 (손님이 많으니까)
- ★ 겨울 ☞ 동차 (추운 겨울이니까)

나이가 들면서 같아지는 것

60대 : 많이 배운 사람이나 적게 배운 사람이나 같아진다. (많이 잊어버리니까.)

70대 : 잘난 사람이나 못난 사람이나 같아진다. (쭈글쭈글해지니까.)

80대 : 힘센 사람이나 약한 사람이나 같아진다.

90대 : 병원에 입원한 사람이나 집에 있는 사람이나 같아진다.

100대 : 살아 있는 사람이나 죽은 사람이나 같아진다.

세계의 이색적인
분수들······.

세대별로 이렇게 다르다

<화장의 세대론>

★ 10대 여자가 화장을 하면 치장.

★ 20대는 화장.

★ 30대는 분장.

★ 40대는 변장.

★ 50대는 위장.

★ 60대는 포장.

★ 70대는 환장.

★ 그다음에는? 끝장.

<나이별 상품 가치>

★ 10대는 샘플.

★ 20대는 신상품.

★ 30대는 정품.

★ 40대는 명품.

★ 50대는 세일품.

★ 60대는 이월 상품.

★ 70대는 창고 대방출.
★ 80대는 폐기 처분.

<얄밉게 보이는 여자>
★ 10대 : 얼굴이 예쁘면서 공부까지 잘하는 여자.
★ 20대 : 성형수술을 했는데 티도 나지 않고 예쁜 여자.
★ 30대 : 결혼 전에 오만 짓 다 하고 돌아쳤는데도 시집가서 떵떵거리고 잘 사는 여자.
★ 40대 : 골프에 해외여행에 놀러만 다녔어도 자식들이 일류대학에 척척 붙어 주는 여자.
★ 50대 : 마음껏 먹어도 살 안 찌는 여자.
★ 60대 : 건강복도 타고 났는데, 돈복까지 타고난 여자.
★ 70대 : 자식들에게도 효도 받지만, 서방까지 멀쩡해서 호강시켜 주는 여자.

<남자들이 싫어하는 여자>
★ 10대 : 못생긴 여자.
★ 20대 : 잘난 척하는 여자.
★ 30대 : 고집 센 여자.

- ★ 40대 : 남자 기죽이는 여자.
- ★ 50대 : 허세 부리는 여자.
- ★ 60대 : 뻔뻔스런 여자.
- ★ 70대 : 염치없는 여자.

<사랑의 세대론>
- ★ 10대의 사랑 : 공상
- ★ 20대의 사랑 : 열정
- ★ 30대의 사랑 : 체험
- ★ 40대의 사랑 : 조화
- ★ 50대의 사랑 : 동행
- ★ 60대의 사랑 : 추억
- ★ 70대의 사랑 : 재생
- ★ 80대의 사랑 : 주책

<애인이 있다면?>
- ★ 10대가 애인이 있다면? : 엉덩이에 뿔난 거지.
- ★ 20대가 애인이 있다면? : 당연지사.
- ★ 30대가 애인이 있다면? : 집안이 온전하겠나.

★ 40대가 애인이 있다면? : 패가망신하기 딱 알맞지.

★ 50대가 애인이 있다면? : 글쎄, 생각처럼 될까?

★ 60대가 애인이 있다면? : 상을 주어서 타의 모범이 되게 해야 하지 않나?

★ 70대가 애인이 있다면? : 신의 축복을 받은 것이 분명해.

★ 80대가 애인이 있다면? : 따로 천국 갈 필요가 있겠나?

★ 90대가 애인이 있다면? : 지상에서 영생할 가능성도 있지 않을까?

<아내가 두려울 때>

★ 20대 : 외박하고 들어갔을 때.

★ 30대 : 카드 빚 독촉장 날아왔을 때.

★ 40대 : 아내가 샤워하는 소리가 들릴 때. ☞ 고개 숙인 남자라서.

★ 50대 : 아내가 곰국을 끓일 때. ☞ 혼자서 일주일 내내 곰국만 먹어야 할 테니까.

★ 60대 : 해외여행 가자고 할 때. ☞ 버리고 올까 봐.

★ 70대 : 이사 간다고 할 때 ☞ 가는 곳도 알려주지 않고 놔두고 갈까 봐.

<부부생활의 상태>

★ 10대 부부 : 서로가 뭣 모르고 산다. ☞ 환상에 빠져서.

★ 20대 부부 : 서로가 신나게 뛰면서 산다. ☞ 마냥 좋기만 해서.

★ 30대 부부 : 서로가 한눈팔며 산다. ☞ 슬슬 권태기가 찾아와서.

★ 40대 부부 : 서로가 마지못해 산다. ☞ 헤어지는 것보다는 나을 것 같아서.

★ 50대 부부 : 서로가 가엾어서 산다. ☞ 흰머리와 잔주름이 늘어나서.

★ 60대 부부 : 서로가 필요해서 산다. ☞ 등 긁어 줄 사람이 필요해서.

★ 70대 부부 : 서로가 고마워서 산다. ☞ 살아준 세월이 고마워서.

<부부의 잠자리 상태>

★ 20대 부부는 포개져서 잔다.

★ 30대 부부는 마주 보고 잔다.

★ 40대 부부는 천장 보고 잔다.

★ 50대 부부는 등 돌리고 잔다.
★ 60대 부부는 딴방에서 따로따로 잔다.
★ 70대 부부는 어디서 자는지도 모르고 잔다.

<정력의 세대론>
★ 10대의 정력은? : 번갯불 정력,
★ 20대의 정력은? : 장작불 정력,
★ 30대의 정력은? : 모닥불 정력,
★ 40대의 정력은? : 화롯불 정력,
★ 50대의 정력은? : 담뱃불 정력,
★ 60대의 정력은? : 잿불 정력,
★ 70대의 정력은? : 반딧불 정력,

<죽음이 찾아오거든…>
★ 환갑(61) : 지금은 부재중이라고 전하라.
★ 고희(70) : 아직은 때가 이르다고 전하라.
★ 희수(77) : 지금부터 여생을 즐기겠다고 전하라.
★ 산수(80) : 아직은 쓸모가 있다고 전하라.
★ 미수(88) : 쌀을 좀 더 축내고 간다고 전하라.

★ 졸수(90) : 조급하게 굴지 말라고 전하라.

★ 백수(99) : 때를 보아 내 발로 가겠다고 전하라.

나이별로 본 대단한 기록들

1세 : 누구나 비슷하게 생겼다.

2세 : 될 놈은 약간 이상한 기색을 보인다.

3세 : 푸이, 중국 황제가 되다. 정약용, '작은 산이 큰 산을 가리니, 멀고 가까움이 다르기 때문일세.' 라는 시를 지었다.

4세 : 마이클 잭슨, 가수로 데뷔하다.

5세 : 달라이 라마, 티베트의 정신적 지도자가 되다.

6세 : 이소룡, 연기를 시작하다.

7세 : 베토벤, 무대에 서다.

8세 : 강희제, 대청의 황제가 되다. 모차르트, 첫 작곡을 하다.

9세 : 에디슨, 과학실험실을 만들다.

10세 : 싯다르타, 사람이나 동물의 죽음과 고통에 마음 아파하다.

11세 : 주식 투자로 미국 최고 갑부가 된 워런 버핏, 자기 이름으로 된 통장으로 투자를 시작하다.

12세 : 흥선 대원군의 둘째아들, 왕위에 오르다(고종).

13세 : 안네, 일기를 쓰기 시작하다. 빌게이츠, 컴퓨터 프로그램을 시작하다.

14세 : 줄리엣, 로미오와 연애를 시작하다.

15세 : 김동인 소설 '감자'의 복녀, 홀애비와 결혼하다. 펠레, 프로축구선수로 첫 골을 넣다.

16세 : 이몽룡, 성춘향과 연애를 시작하다. 아리스토텔레스, 대학(아카데미)에 입학하다.

17세 : 중국 촉나라 유비의 아들 유선이 왕위에 오르다.

18세 : 테레사 수녀, 인도에 가다. 알리, 올림픽에서 금메달을 따다. 김소월, 〈창조〉에 시를 발표하다.

19세 : 엘비스 프레슬리, 가수생활을 시작하다. 루소, 바랑 부인과 동거를 시작하다.

20세 : 다이애나, 찰스 황태자와 결혼하다. 빌게이츠, 마이크로소프트사를 설립하다.

21세 : 스티브 잡스, 애플 컴퓨터사를 설립하다.

22세 : 알리, 세계 헤비급 챔피언이 되다. 정약용, 과거에 급제하다.

23세 : 이승만, 중추원 의관(국회의원)이 되다.

24세 : 마릴린 먼로, 배우생활을 시작하다.

25세 : 니체, 바젤 대학교수가 되다.

26세 : 제리 양, 야후를 설립하다. 월트 디즈니, '미키마우스' 발표하다. 이태백, 방랑생활 시작하다.

27세 : 로빈슨 크루소, 해변에 도착하다.

28세 : 김영삼, 국회의원에 당선되다. 윤동주, 후쿠오카 형무소에서 사망하다.

29세 : 펠레, 1000번째 골을 성공시키다. 칼 마르크스, '공산당 선언문'을 쓰다.

30세 : 베토벤, '월광 소나타'를 발표하다.

31세 : 안중근 의사, 순국하다.

32세 : 이소룡, 요절하다.

33세 : 예수, 십자가에서 못 박혀 돌아가시다. 숀코네리, 처음으로 007 영화에 출연하다.

34세 : 정일권, 육군 참모총장이 되다.

35세 : 석가모니, 도를 깨치다. 나폴레옹, 황제가 되다. 퀴리부인, 남편과 함께 노벨 물리학상을 수상하다.

36세 : 마거릿 미첼 여사, 〈바람과 함께 사라지다〉를 발표하다. 마돈나, 첫아이의 엄마가 되다.

37세 : 링컨, 하원의원에 당선되다.

38세 : 베토벤, 〈운명 교향곡〉 〈전원 교향곡〉 발표하다.

39세 : 걸리버, 여행을 시작하다.

40세 : 헨리 포드, 포드사를 설립하다.

41세 : 이주일, 텔레비전에 첫 출연하다.

42세 : 아인슈타인, 노벨물리학상을 수상하다.

43세 : 퀴리부인, 노벨 화학상을 수상하다. 유진오, 대한민국 헌법을 기초하다.

44세 : 원효대사, 해골에 고인 물을 마시고 도를 깨치다. 박정희 소장, 5·16 혁명을 일으키다.

45세 : 히틀러, 독일의 지도자가 되다.

46세 : 스웨덴의 페르손, 세계탁구선수권대회에서 최강 중국을 꺾고 우승하다.

47세 : 세종대왕, 훈민정음 창제하다.

48세 : 버락 오바마, 미국 첫 흑인 대통령이 되다.

49세 : 이순신 장군, 삼도수군통제사가 되다.

50세 : 히틀러, 2차 세계대전을 일으키다.

51세 : 태어난 지 반세기를 넘어선다. 콘잘레 스라이스, 흑인 여성으로 처음 국무장관이 되다.

52세 : 링컨, 대통령에 당선되다.

53세 : 숀 코네리, 마지막으로 007시리즈에 출연하다. 사담 후세인, 걸프전을 일으키다.

54세 : 월트 디즈니, 디즈니 왕국을 만들다.

55세 : 정년이 시작된다. '나무를 심는 사람' 엘제아르 부피에, 이때부터 시작하여 87세까지 나무를 심었다.

56세 : 헬렌 켈러에게 삶의 이유의 되어 줬던 설리번 선생, 세상을 떠나다.

57세 : 윌리엄 와일러 감독, 영화 '벤허'를 만들다.

58세 : 캐롤 요셉 워틸라 요한 바오로 2세, 교황이 되다.

59세 : 올브라이트, 여성으로는 처음으로 미국 국무장관이 되다.

60세 : 옐친, 러시아 초대 대통령이 되다.

61세 : 알프레도 히치콕 감독, 〈싸이코〉를 찍다.
62세 : 루이 파스퇴르, 광견병 백신 발견하다. 피카소, 21살 프랑수와즈 질로를 만나 첫눈에 반하다.
63세 : 미국에 사는 여인 아셀리 키, 인공수정으로 출산에 성공하다.
64세 : 자신의 후임자를 찾아야 한다.
65세 : 교수들의 강제 퇴직 파티가 열린다.
66세 : 아라파트, 팔레스타인 대통령이 되다.
67세 : 코페르니쿠스, 그간 주장했던 '지동설' 발표하다.
68세 : 갈릴레이, 천동설을 뒤집고 '지동설'을 주장하다.
69세 : 테레사 수녀, 노벨 평화상을 수상하다.
70세 : 클린트 이스트우드, 마지막으로 영화 출연하다.

71세 : 코코 사넬, 파리에 가게를 다시 열어 세계 패션계 제패하다.
72세 : 부시 전 미국 대통령, 스카이다이빙에 성공하다.
73세 : 로널드 레이건, 미국 대통령에 재선되다.

74세 : 김대중, 대한민국 대통령에 당선되다.

75세 : 넬슨 만델라, 남아공화국 대통령에 당선되다. 버나드 쇼, 노벨문학상 받다.

76세 : 조선시대 홍유손, 76세에 장가들고 99세까지 장수하다.

77세 : 윈스턴 처칠, 영국 수상에 재선되다.

78세 : 승려 일연, 국사(國師)가 되다.

79세 : 프랑크 시나트라, 마지막 리사이틀을 하다.

80세 : 베르디, 〈팔스타프〉 발표하다.

81세 : 패션 디자이너 노라노, 현역으로 뛰고 있다.

82세 : 톨스토이, 가출하여 시골 역에서 사망하다.

83세 : 괴테, 〈파우스트〉 완성하다. 화가 앙리 마티스, 〈청색 누드〉 제작하다.

84세 : 앙리 파브르, 〈파브르 곤충기〉 완성하다.

85세 : 프랑스에 사는 장 칼몽 할머니, 펜싱을 배우기 시작하다.

86세 : 연극배우 백성희, 연극 무대에 열정적으로 서다.

87세 : 모험가 에드먼드 힐러리, 손자와 함께 남극에 가다.

88세 : 미켈란젤로, '천지 창조' 완성하다.

89세 : 파블로 피카소, 자화상을 완성하다.

90세 : 알랭 레네, 영화 〈당신은 아무것도 보지 못했다〉 발표하다.

91세 : 샤갈, 마지막 작품을 발표하다.

92세 : 버트런드 러셀, 자서전을 쓰기 시작하다.

93세 : 피터 드러커, 경영학의 기둥을 세우다.

94세 : 카와시마 요시키치, 장례식 준비금으로 일본 중의원 선거에 출마하다.

95세 : 미국 놀라 옥스 할머니, 40년 만에 학점 이수하여 대학 졸업하다.

96세 : 인도의 농부 람지트 라그하브, 첫아들을 얻다. 혼자 화장실에 가면 되돌아 나오기 힘들다.

97세 : 경복궁 부근의 '선희네 집' 할머니, 간장 떡볶이의 맛을 70여 년간 재현하고 있다.

98세 : 미국에 사는 유정준 할머니, 살아 있을 때 통일된 조국 보고 싶다면서 투표하다.

99세 : 국학자 이혜구, 〈만당 음악 편력〉 출간하다.
100세 : 장 칼맹 할머니, 자전거 타기를 즐기다.

107세 : 일본 쌍둥이 할머니 중 킨 할머니, 사망하다.
120세 : 장 칼맹 할머니, 건강을 위해 담배 끊다.
121세 : 장 칼맹 할머니, Time's Mistress라는 노래를 CD로 발표하다.
123세 : 살아 있으면 기네스북에 오른다.

산신령과 선녀

어느 날 선녀가 목욕을 하다가 자기 옷이 없어진 것을 알았다.

선녀가 당황하고 있는데 갑자기 산신령이 나타났다.

"네 옷은 여기 있느니라."

갑자기 나타난 산신령 때문에 놀란 선녀는 급히 두 손으로 아래를 가렸다.

"위가 보이느니라……."

선녀는 또 황급히 두 손으로 위를 가렸다.
그러자 산신령이 말했다.
"이미 볼 건 다~ 보았느니라."

이게 무엇일까?

★ 남자의 것으로 어두운 곳에 있기를 좋아한다.
★ 대부분 시커먼 색이다.
★ 여자를 사귀면 사용횟수가 많아진다.
★ 술을 마시면 자주 꺼낸다.
★ 결혼하면 사실상 소유권은 여자가 갖는다.
★ 커지면 당당하고 부피가 줄면 어깨가 움츠러든다.
★ 내용물을 보관하다가 필요한 사람에게 주는 은행도 있다.
★ 가끔 화장실에서 확인한다.
★ 잃어버리면 큰일 난다.
★ 지하철이나 목욕탕에서는 특히 조심해야 한다.
☞ 이게 무엇일까? 답은 바로 …… 지갑.

다양한 무늬의
재미있는 텐트…….

난센스 띄어쓰기

★ 보 ☞ 낼 수 없어. 그럼 주먹 낼까?

★ 사랑 ☞ 5랑 더하면 9지.

★ 사실 난 널 ☞ 뛰기 선수야.

★ 또 ☞ 라이 스버거 먹고 싶다.

★ 너 재수 없어! ☞ 꼭! 한 번에 대학 가야 돼.

★ 너 학교에서 못 ☞ 생겼다고 소문났어. 난 망치 생겼다고 소문났고.

★ 실은 정말 사랑했어. ☞ 바늘을.

★ 넌 쌍년이야. ☞ 난 방패연이구.

★ 너 ☞ 만을, 나 양파.

★ 사실 난 사랑했어. 너 ☞ 구리 면을.

★ 씨 ☞ 발 ☞ 라 먹는 과일은 수박.

★ 십팔 년 ☞ 이 지나도 우정 변치 말자.

★ 넌 죽을 준비해. ☞ 난 밥을 준비할 테니.

★ 너 ☞ 무해! 나 배추 할게.

★ 이씹세 ☞ 기가 가고, 21세기가 왔어.

★ 넌 이쁜 천 ☞ 사. 난 재봉틀 살게.

★ 넌 더 이상 날 생각하지 마. ☞ 날개도 없는 주제에 말이야.

★ 내가 정말 원 ☞ 한다면 난 네모 할게.

★ 넌 사로잡혔어. ☞ 444444 너 444444.

★ 원래는 너 많이 좋아해. ☞ 구준엽도 너 좋아한다던데?

★ 나 묻고 싶은 게 있는데, ☞ 삽 좀 줘.

★ 너는 나의 전부 ☞ 치는 실력 알지?

★ 조까 ☞ 지만 데려다 줘, 잉~.

★ 전부터 생각해 봤는데 너라면 ☞ 잘 끓이더라.

★ 넌 왜 사니? ☞ 난 삼인데.

★ 다시 만나 줘. ☞ 미역은 너 줄게.

★ 나 미치기 일보 직전이야. ☞ 넌 '파' 쳐!

★ 너밖에 없어. ☞ 난 안에 있는데.

★ 나의 사랑 ☞ 놀 테니까, 넌 간호사랑 놀아.

★ 나 이제 말 안 할래. ☞ 소 할래.

★ 이별은 무엇일까? ☞ 이 별은 지구야.

★ 너 뒈질 준비해! ☞ 난 상추 준비할게.

★ 자기 ☞ 전에 이 닦았어?

★ 나 정말 아파 ☞ 트에 살아.
★ 우리 앞으로 만나지 말자. ☞ 뒤로 만나자.
★ 나 말리지 마! ☞ 나 건조한 거 싫어!
★ 절 사랑하세요? ☞ 전 교회를 사랑합니다.
★ 삶은 ☞ 계란이야.
★ 그게 무슨 말이야? ☞ 얼룩 말? 조랑말?
★ I LOVE U ☞ NITEL.
★ 예쁜 자기, 누구 자기? ☞ 우리 자기, (주) 한국도 자기

거꾸로 읽으면 웃긴 이야기

<전 쟁>
때가 왔다.
포기할
생각 마라.
승리는
우리의 것이다.

저 하찮은 무기들을 봐라.

반드시 승리한다.

적들은

피라미다.

아군은

죽지 않는다.

도망칠 자는

나를 따르지 마라.

(☞ 뒤에서부터 읽어 보세요~!)

<결혼 전>

남자 : 어? 좋아, 좋아. 기다리다가 목 빠지는 줄 알았어.

여자 : 당신, 내가 떠난다면 어떻게 할 거야?

남자 : 그런 건 꿈도 꾸지 마!

여자 : 나 사랑해?

남자 : 당연하지! 죽을 때까지…….

여자 : 당신, 바람피울 거야?

남자 : 뭐? 그딴 건 도대체 왜 묻는 거야?

여자 : 매일 키스해 줄 거지?

남자 : 기회 될 때마다.
여자 : 당신 나 때릴 거야?
남자 : 자꾸 왜 그래? 사람 보는 눈이 그렇게도 없어?
여자 : 나, 당신 믿어도 되지?
남자 : 응.
여자 : 여보!
(☞ 뒤에서부터 읽어 보세요~!)

<학원 광고>
저희 학원으로 오세요.
자녀들에게 관심이 없다면
그냥 집으로 가세요.
저렴하고 수준 높은 학원을 원하시면
저희 학원뿐입니다.
공부만을 강조하는 것은
아무 소용없습니다!
학생들의 개성과 창의력은
소중합니다.
공부 잘하는 학생만

신경 쓰지 않습니다.
내성적인 학생이나 왕따 게이들 모두
챙깁니다.
촌지는 절대
받지 않습니다.
하지만 부모님들의 관심은
꼭 필요합니다.
학생들은 저희에게
믿고 맡기세요.
(☞ 뒤에서부터 읽어 보세요~!)

<시 험>
조용히 해라.
우리 상위권 학생들!
이번에도 반평균을 맡긴다.
우리 공부 열등생들.
평균 깎아먹는
그런 짓 하지 말고,
끝까지 최선을 다하는

그런 자세를 가져라.
커닝하는
학생들은
부정행위로
그 즉시 0점 처리한다.
시험 잘 보면
맛있는 거 쌤이 쏜다!
도망치면
죽어!
그럼
파이팅!
(☞ 뒤에서부터 읽어 보세요~!)

세대공감 돌직구 유머

1판 1쇄 인쇄 | 2020년 7월 20일
1판 2쇄 발행 | 2020년 7월 25일

지은이 | Fun 유머연구회
펴낸이 | 윤옥임
펴낸곳 | 브라운힐
서울시 마포구 신수동 219번지
대표전화 (02)713-6523, 팩스 (02)3272-9702
등록 제 10-2428호

© 2020 by Brown Hill Publishing Co. 2020, Printed in Korea

ISBN 979-11-5825-084-3 03810
값 13,500원

*무단 전재 및 복제는 금합니다.
*잘못된 책은 바꾸어 드립니다.